遊戯の起源

——遊びと遊戯具はどのようにして生まれたか

増川宏一

平凡社

はじめに

乗継地《のりつぎち》は中東の空港だった。

聞き慣れない言葉のアナウンス。かすかに漂う香料の匂い。忙しげに行き来する人達、立ち止まって掲示板を見上げる人達、搭乗を促す音量を上げた声、どこにでもみられる活気に満ちた光景。しかし、アジアやヨーロッパの空港とはどことなく異なる雰囲気である。

広い空港の待合室の一隅に、他の人々から離れた一団が静かに座っていた。よくみかける全身を黒い布で覆うブルカを着て、一様に頭をやや傾《かし》げていた。誰もが黙っていて敬虔《けいけん》な祈りの時のようにもみえた。

その空間に惹かれて近づいてみた。彼女達は清楚なたたずまいであった。僅かにみえる靴の端は金色に輝いていた。赤と銀の派手な靴もあるようだった。傍《かたわ》らには銘々の鞄が置かれていた。どれも超一流のブランド品ばかりだった。

彼女達は片手にスマートフォンを持ち、一心に操作していた。うつむき加減にみえた姿はゲームに熱中していたからだった。やがて一団はファースト・クラスの乗客として最初に搭乗口に向かっていった。

彼女達にしてみれば、待ち時間を過ごすごく自然な所作だったのだろう。ただ、一人の旅人からみれば、黒衣の質素で信心深い人達という思い込みと遊びに没頭する姿との格差の大きさが印象的だった。

同じような思いをした人もいる。ジャーナリストである。

「特派員メモ」という記事で、二〇一五年一〇月末にブラジル中部のパルマスでのことである。世界二四か国の先住民が集まって伝統競技を催した時の取材である。引用すると、「参加者の多くは、半裸で腰みのを巻き、鮮やかな羽根飾りを身につけていた。自然の中で生きる伝統を感じさせたが、よく見ると手に光るものを持った人の姿が目立つ。スマートフォンの画面だった。みんな撮影に夢中だ」(「朝日新聞」二〇一五年一一月一一日)。

スマートフォンの普及は著しい。この人達も操作に習熟し、そしてゲームも楽しんでいるのであろう。

最近では、ゲームといえばスマートフォンのゲームを指すと思っている人達が多い。爆発的な普及で、やや古い調査でもスマートフォンは世界で一三億人に使用されている。そのなかで「スマホでゲームを楽しむ人は四三・一％（二〇一三年末）」（「朝日新聞」二〇一四年四月四日）という。約五億六〇〇〇万人である。今では、この倍ほどの愛好者人口になっているのかもしれない。「ポケモンＧＯ」は普及にさらに拍車をかけた。カタールのドーハ空港の待合室でイスラムの女性達がゲームを楽しんでいても、なんの不思議でもなかった。

スマートフォンに組み込まれているゲームは多種多様で、人々を飽きさせないように次々と新作が発表されている。製作にたずさわっている人達の知恵と努力の結晶である。当然であるが新作のゲームだけでなく、囲碁や将棋、チェスなどの伝統的な遊びも楽しめるようになっている。機器相手でなく人を相手にゲームを楽しむ人達も健在だからである。実際に碁席や将棋道場に通う人達もおり、四人で卓を囲んだ麻雀の面白さを覚えている人達も少なくない。

スマートフォンなど機器によるゲームの進化は著しいが、ここに至るまでの数十年間の変化もまた目まぐるしいものであった。テレビゲームが一つの画期であった。ではそれ以前はどのようであったのだろうか。むろん機器相手のゲームでなく、相手と向かい合うか複数の人々が同時に遊ぶゲームである。今も依然として根強い人気がある。毎年、東京と大阪や神戸で催されている「ゲームマーケット」は、創作ゲームの展示販売と多数のインストラクターが配置されている実践コーナーが設けられている。若い人達を主に数千人が来場しゲームを楽しんでいる。毎回盛況で常に前回の来場者数を上回る驚くほどの人気である。

いわゆるアナログ・ゲームの盛況は日本だけではない。世界各地で見本市が催されているが、とりわけ盛んなのはドイツである。二〇一五年一〇月のエッセン市での見本市は三桁の数のブースが並び、日本からも「なかよし村」作製の「八八花《はちはちはな》」（花札）という伝統的なゲームをはじめ、忍者ものなどの創作ゲーム一六点が出品された。日本のアニメは世界的に高く評価されているが、ゲーム類もイラストやデザインが優れていて高い人気を得ている。

デジタル・ゲームもアナログ・ゲームも共に盛況を呈しているが、自然発生的にか意図的にか、ゲームの源を探ろうとする流れもまた強くなった。むろんヨーロッパでは数世紀前から取り組まれていて十分な研究の蓄積がある。しかし日本では遊びや遊びの歴史は軽視または無視されて研究の対象にならなかった。この理由は他の幾つかの著書で述べたので重複を避けるが、遊びは人間の生活に欠かせないものであり遊戯具には人間の知恵が凝縮されている。この解明はきわめて魅力的なテーマである。

ぜひ完成したいという意欲に駆られたが、資料の精読も含めてあまりにも多くの準備をしなければならず、思いのほか年月を費やした。ようやく一つの方向を見出したのが本書である。

序章は一見すると遊びと無関係に思えるが、遊びを生み出す前段階として人間の優れた能力にふれ、第一章では遊びの準備段階に言及した。その後は遊びと遊戯具の始まりについて述べたが、最後に日本列島に住んだ古代の人々がいかに優れていたのかについても僅かであるが記すことができた。筆者なりの努力をしたが、大方の叱正を乞いたい。

遊戯と遊戯具の起源◈目次

終章 255

序章　ヒトは賢い

一 石器と航海

遊びがどうして始まったのか。いや、暮らしを始めた時から既に遊びがあったのか。人はどのように遊んできたのか。古代から哲学者や思想家はこの問題に取り組んできた。長期にわたる考察の後に、ようやく現代になって遊びが明確に規定された。「遊びとは、あるはっきり定められた時間、空間の範囲内で行なわれる自発的な行為もしくは活動である」（ホイジンガ／高橋英夫訳『ホモ・ルーデンス』）。自発的に受け入れたルールに従うのが遊びであるという。

ヨハン・ホイジンガは太古の昔から人類が集団で生活するようになった時から、遊びは暮らしのなかに在《あ》ったとしている。原始的な人間の生活と行動のなかに「遊びとしか名づけようのないものがあり、この遊びの質が文化の発展、共同体の組織にも大きな役割を演じている」（前同書・解説）という指摘である。

このような記述から、文化の質を決める遊びとはどういうものであったのか、具体的にどのような遊びであったのか、いつ頃から〝遊び〟とよべるようになったのか、数々の疑問が生まれるのは当然である。

しかし結論を急ぐ前に、そもそも遊びは動物と人間では異なるのか、人間だけが遊びを創り出したのか、その人間という生きものは、どのようにして現在まで生きのびてきたのか、どのような特性を持ち、それがいかにして遊びと結びついたのか、最も基になるところから始めなければならないであろう。というほど〝遊び〟というのは様々な角度からみなければならない難しいものである。

我々の直接の祖先は現生人類（ホモ・サピエンス）とよばれていて、およそ二〇万年前にアフリカで誕生した。その後、アフリカを出て地球上に拡がったとされている。最近、ヨーロッパの研究グループが「アメリカ科学アカデミー紀要」の電子版に発表した論文によると、現生人類は一三万年前頃にアラビア半島に達していて、従来の説よりも数万年早くインドや東南アジアを経てオーストラリアに到着していたという。

また、現生人類より前にアフリカを出てヨーロッパに定住していたネアンデルタール人と後から来た現生人類が交わり、寒冷期にも生きのびることのできる遺伝子を受け継いだと実証している。タールはドイツ語で谷のことで、ネアンデル谷で発見された人骨が非常に古く、一〇万年以上も前のことから、ネアンデルタール人とよばれるようになった。

ホモ・サピエンスは開拓の精神と不屈の勇気によって地球上の広大な地域に進出したようにみえるが、特別な目的や明確な目標を持って進んだ探険隊のようではなく、獲物を追って食いつなぐために移動した。アフリカからユーラシア大陸を経て南米の端まで拡がったのは事実であるが、長大な距離を一挙に進んだのではなかった。数万年あるいは十数万年かけての旅であった。約一年かけてほんの僅かな距離しか移動しなかったという計算も発表されている。

少なくとも数万年にわたる長大な旅は決して平坦ではなかったであろう。未知の気候の土地への進出で、生存の限界の寒気に堪え、灼熱の地を通る集団もあったのだろう。餓死したり試行錯誤を繰り返しながら結果として現存に至っている。我々の祖先がいかに苦闘し幾度かの危機を乗り越え、知恵をしぼって生きのびてきたかは、祖先の遺したモノによって知ることができる。その物証は石器である。

人類は早い時期から石を道具として用いてきた。はじめは石を加工して使いやすい石器にしたが、やがて剝片を加工してさらに鋭利な石器を作るようになった。後には用途別に対応した石器も作られるようになった。石器から我々の祖先の生き方を研究している人達は、石器の資材を備蓄したり石器製作の合理的な労働を分担していたことを知り、「旧石器時代人の合理的な思考には、ただただ驚かされるばかりである」（安蒜政雄『旧石器時代人の知恵』）と感嘆している。そのような知恵があったからこそ苛酷な環境に堪えて生きのびてきたのであろう。

遅くとも旧石器時代後期とされている四万年ほど前には、投げ槍の補助具が考案されていた。簡単な装置であるが飛距離はほぼ倍に、打撃力は格段に強力になった。大型の動物も捕獲しやすくなったのであろう。

狩猟用具として木の枝のしなう性質を利用した弓矢の考案も、我々の祖先の優れた知恵の表われである。この考案も旧石器時代後期と主張する研究者もいる。遅くとも「弓矢は、氷河期が終って地球が暖くなり、ヨーロッパが森で覆われていった時代に出現した」（アリス・ロバーツ／野中香方子訳『人類20万年　遙かなる旅路』）ので、一万数千年前に使われていたのは確実であろう。

植物の蔓《つる》を編んで網や籠状の容器を作ったのもすばらしい創造であった。洞窟の壁に描かれた絵のなかには、縄ばしごで登る人がある。網は狩猟、漁撈にも生活用具としても役立った。

弓矢や吹矢より遥か以前に人類が考案したのは舟であった。移動のためや川や海辺にすむ動物を獲り、水草や海草を得るために使われたのであろう。

アフリカの東海岸には一二万五〇〇〇年前に人類が住んでいたという証拠の石器が発見されている。それから後の気候変動で八万年ほど前には湿潤な土地になっていた。「そのような遠い昔に舟があったという証拠はないが、海岸に住んでいた現生人類には舟を作り出す知恵があったと見ていいだろう」(前同書)と推定されている。どの程度の航行能力のある舟か不明であるが、人類が紅海を渡ってアラビア半島に達していたことは事実である。

別の航海の例はインドネシアにある。石器が発見されている「フローレス島は、旧石器時代を通してずっと「島」で、近くのバリ島、ロンボク島、スンバワ島とは深い海峡で隔てられていた」(前同書)。この状況からオーストラリアの考古学者のなかには、ホモ・サピエンスよりずっと以前に生存していたホモ・エレクトスという人類が既に海を渡っていたと考えている。ホモ・エレクトスはこの地方に八〇万年前に住んでいたとされる人達である。

もう少し新しい航海の例として、カナダ北部を挙げることができる。六万年前にこの地の河口や沿岸に住んでいた人達は「おそらく舟を持っていたとされる。ゆえに、初期のアメリカ人も沿岸を航行し、食糧を探すために舟を使っていたと考えるのは、きわめて理にかなったことなのだ」（前同書）。北米海岸の海底からフジツボが密生した石器が発見されている。カリフォルニアから海で隔てられているサンタ・ローザ島で一万年前の人骨が出土しているのも、この島に渡った人々かその子孫である。

太古の日本列島の場合にも津軽海峡や対馬海峡を渡って人々が移動してきた。四万年前か三万五〇〇〇年前に舟を使って渡海したのであろう。そしてこれらの人達が静岡県の伊豆半島から約五〇キロ南にある神津島《こうづしま》に石器の材料となる黒曜石《こくようせき》を発見している。どのようにして探したのか不明であるが、舟で島に渡ったのは間違いない。その石器の材料となる「神津島産の黒曜石が、いく度となく関東・中部の遺跡に陸揚げされていたのである」（『旧石器時代人の知恵』）。材料を探しただけでなく、黒曜石を切り出し舟に積んで幾度も島と往復した。遅くとも一万年前頃には外洋に乗り出して五〇キロの往復ができる舟を造っていた。ある程度の重量物を運搬できる舟である。

また、佐賀県の腰岳《こしだけ》が原産の黒曜石と北海道紋別《もんべつ》郡白滝産の黒曜石は「本州方面とは逆方向の対岸にある大陸・半島へ運び出されていた」(前同書)。これも渡海の技術や操船法に習熟していないとできなかったであろう。

神津島をはじめ各地に石器の材料に適した石のあることをどのような方法で発見したのだろうか。考古学者達は旧石器時代の人々が広範囲な地域を丹念に探しまわったと考えている。日本列島でなくフランスの例であるが、旧石器時代の遺跡から石器の材料は最も近いもので西方約一五キロから運ばれたものであることが判明している。最も遠いところは北西約八〇キロの場所から運び込まれたという調査結果である。そのうえ「一つの遺跡について六つの異なった(石器の)原産地である。(石器の)材料は、歩いて一日かかるところから、さらに何日も旅をしなければならないところから採取されたのである」(アンリ・ド・サン＝ブランカ/大谷尚文訳『人類の記憶――先史時代の人間像』)。

道路標識も地図もない時代である。数日の旅で野営地か洞窟に帰り着くのは容易でなかったはずである。石器の材料を運ぶために幾度も原産地と往復したのかもしれない。これは特殊な場合でなく「人々はアルダイユー遺跡とカイユー遺跡から七〇―八〇キロの地点まで石器の原材料を求めて出かけていった」（前同書）。おそらく他の地域でも同様だったのだろう。石器の生産にしても狩猟用具の考案も渡海する技術や舟の製作をみても、旧石器時代の人々は驚くべき能力を発揮してきた。我々の想像以上に優れた知恵と行動力を持っていた。この知性が遊びを生み出す基礎になったことは間違いないであろう。

二　言葉の獲得

優れた石器を製作し、それを次の世代に伝えるためにも筏《いかだ》や舟の造り方を若者達に教えるためにも言葉による指示が必要だった。身振り手振りやごく簡単な音声だけでは技術の伝承は困難とされている。言葉を用いることによって人間が形成されたといっても過言ではない。

人類は二足歩行することによって脳の容量が増加し、体形も変化して「直立によって発声器官である声帯が下がり、同時に口腔の後部が、音声を多様に発音する器官になった」（川田順造「表現するというヒトの営為」『世界思想』41号）。すべては二足歩行から始まった。口腔の構造の変化によって複数の音声を出すことが可能になった。

二通り以上の音声を組み合わすことによって、一つの意味を持つ言葉を作り出すことができるようになった。例えば、「ア」と「サ」を区別して発音できるようになると、この発音を連続することで「アサ」という特定の意味を示す言葉が作られた。「サケ」「イシ」なども、鮭、石のように特定のモノを示す言葉になった。


しかし、石器や狩猟用具のようにモノとしての痕跡が残っているのでなく、証拠の残らない音声から人類が言葉を創り出した跡をみつけだすことははなはだ困難であった。考古学者のスティーヴン・ミズンは言葉が生まれることを推測できる規準を挙げている。それは過去の人類の頭蓋骨を調べることで一定の規準の推定が可能としている。すなわち、「初期人類の化石頭管には、言語能力を推測するのに使える特徴が三つある。脳容量、脳の形状から推測される神経系の構造、音道の形質である」（スティーヴン・ミズン／松浦俊輔、牧野美佐緒訳『心の先史時代』）を挙げている。神経系の構造というのは言葉を喋る時に音を区切り、呼吸を調整する機能で、音道はのどの形とみてよい。

これまでの各分野の研究者の結論は、人類は二〇〇万年前頃には既に音声による表現が可能であり、脳の容量の増大も数回にわたっておこなわれた結果であったが、「音声表現能力は現生の霊長類と比較すればかなり高かったかもしれないが、相変わらずすごく単純なものであり、言語と呼べるものではなかった」（前同書）というものであった。

言語の発達を社会生活の視点から解明しようという試みもなされた。人類の祖先の集団生活について、人数の面からの考察である。狩猟や採集、育児や生存するための必要上の集団の人数は五〇万年ほど前は「その群の規模は一一五（人）から一二〇（人）」（ロビン・ダンバー／松浦俊輔、服部清美訳『ことばの起源――猿の毛づくろい、人のゴシップ』）ほどであった。

この群は次第に人数が増えて、一つの群の規模は一五〇人ほどになったという。一つの屋根の下でなく、ごく近い場所に小集団に分かれて住んでいたとする研究者もいる。ダンバー博士が強調したいのは、ごく少人数の群であれば「毛づくろい」のように直接に身体が触れあって意志の伝達がおこなわれるが、群全体の人数が多くなると身体的接触による意志の伝達が不可能になる、それで意志を伝える手段として言葉が発達したという、言語は人類の集団生活という社会的な必要性から生まれたという見解である。

集団の意志伝達としての言語は、狩猟の共同作業や他の集団との争いに欠かすことのできないものであったが、徐々に進歩したのか停滞の後に急速に発展したのか判断の難しいところであった。音声という証拠の残らない活動の検証は常に困難がつきまとっていた。

手掛かりとして、現生人類のすぐ前に先行していたネアンデルタール人の言語能力を調べることで、現生人類の能力を推定する試みがなされた。かなり以前から始められていて、今では一定の結論が出されている。

考古学者は「最も新しい人類だけが話すことができ、十万年も前でない頃に生きていたネアンデルタール人ほど新しい人類でさえ、分節した話し言葉に必要な母音を出すことができなかったと信じている」（ロビンズ・バーリング／松浦俊輔訳『言葉を使うサル――言語の起源と進化』）という。この理由は、ネアンデルタール人の頭蓋骨を調査した結果、音道が現代人に比べてかなり劣っていたからだという。

さらに、言語が生活のなかでの「社会的関係を確立、維持、洗練するもの」（前同書）であるゆえ、ネアンデルタール人の生活からも言語の未発達の理由を見出せるとしている。

別の研究者は、ネアンデルタール人は喉頭を支える非常に現代的な舌骨を持っていたにもかかわらず、「声道の水平部分はまだ原始的だったので、正確な意味では現代人のような音をだせなかっただろう」（ファン・ルイス・アルスアガ／藤野邦夫訳『ネアンデルタール人の首飾り』）

という。

それゆえ、ネアンデルタール人は、言語によって「社会的な世界に関する情報を交換して、社会的ネットワークの仲間内で何が起っているのかを常に知っていること」(『ことばの起源——猿の毛づくろい、人のゴシップ』)ができなかった。これが可能になったのは、現生人類であり、言語も急速に発達した。

このような見解をみると、ネアンデルタール人はかなり劣った人類のように思えるが、実際にはそうではなかった。彼らはそれ以前の人類のなしえなかった高度な生活形態を生み出した。貝殻に細工をして装飾品も作っていた。ただ、言語を十分に活用する骨格が形成されなかった。そのため現生人類のような社会生活を営むこともできなかった。現生人類が到達した分野にまで立入ることが不可能であった。端的にいえば「ネアンデルタール人は芸術を生まなかった」(『心の先史時代』)。それを生み出す能力に欠けていた。

ネアンデルタール人と比較することによって、言語を操作できる現生人類の優秀さが浮き彫りにされた。抽象的な思考、規則の確認と共有も言語を通じて現生人類は可能になった。このことは、将来に遊びを考案するための重要な基礎となった。

三　人と動物

我々は子猫や子犬がじゃれあったり、追いかけっこをするのを常にみている。他の哺乳動物の子供も同様である。子犬達はこれが〝遊び〟なのであろうが、意識せずに将来の狩りのための訓練や生きていく能力を身につけるための練習でもあるのだろう。ホイジンガは子犬達の動作は「遊びのあらゆる相が、その楽しげなじゃれ合いのなかに認められるだろう」（『ホモ・ルーデンス』）と述べ、たがいに身振りや動作で気をひきあい、相手の耳をちぎれるほど嚙んではならない規則を守る、という最も素朴な遊びの表現であるという。動物も遊ぶことができるという見解である。

人類学者が調査した南米のナンビクワラ族は、現在も狩猟採集の暮らしをしている。ボリビアとの国境に近いブラジル中西部である。この子供達の遊びは「仲よく転げまわり、取っ組み合いをする」（レヴィ＝ストロース／川田順造訳『悲しき熱帯Ⅱ』）ことであると写真を添えて紹介している。子供達は子猫や子犬とはなはだ似た動作を繰り返していた。

人間の子供達は動物と似た遊びもするが、動物とは異なった遊びもできるし現にそのようにしている。これは二本足で立ち、手を自由に動かすことができるからである。それでは手を自由に動かすことのできる猿の遊びとは同じなのか異なっているのか、専門家の報告をみてみよう。

ニホンザルの生態を観察した人類学者の島田将喜氏は、ニホンザルの子供達の遊びについて詳細な報告を発表している。その遊びははなはだ多岐にわたり、研究者の間でも遊びについて意見の一致はみられないがと前置きしているが、興味深い調査である。次の六項目にわたるものでニホンザルの子供は一歳から二歳までの最も活発に遊ぶ時期という。

(一) 取っ組み合いで、「一方が他方の体の一部をつかむ、噛む、押す、のし掛かる、跳び乗るなど」(島田将喜「ニホンザルの遊びの民族誌」『遊びの人類学ことはじめ』以下同)で、相手も同様の行動で応じる。

(二) 追いかけっこ。最初に走り出した子猿を複数の子猿が追うが、「追いかけてくるコドモがいないと走るのをやめて引き返したりする」。

(三) 馬跳び遊び。一列に並んだ時に、「互いに相手の背中や頭を踏み越えて移動する……

さらに跳び越えられたほうのコドモがほかのコドモの上を跳び越えるという連鎖的な遊び」。

(四) 雑巾《ぞうきん》がけ遊び。「砂地や裸地などの平面の上で地面に両手をつき前進する。あるいは逆に後ろに進む」。雪面の場合の「雑巾がけ遊び」でしばしば雪の球ができるが、これを持ち運んだりする場合もみられる。

(五) 枝引きずり遊び。物を持っている子猿を追いかけてそれを奪い、「新たに物の持ち手になったほうが、新たな逃げ手になる」。物の奪い合いであるが、人間の捨てた物や珍しい物を持って走る場合が多い。

(六) その他。池の鯉に触れようとしたり、座っている鹿に乗ろうとしたり、他の動物を相手にして戯れようとする。

これらは島田氏の観察したニホンザルの遊びとみなされる行動である。人間の子供とほぼ変わらないようであるが、子供が少し大きくなって保育園や幼稚園に通うようになると、大人から教えられることもあってもう少し複雑なルールで遊ぶことも可能である。そして相手のルール破りを「ずるい」「悪がしこい」と指摘することができるようになる。

ニホンザルの場合、餌が与えられる環境にいる猿と野生で餌を探すのに苦労している猿とでは、「環境に「ゆとり」がなければ遊びの量も少なくなる」という調査結果である。

ニホンザルより遥かに人間に近いチンパンジーの場合はどのような遊び方をするのか、これも詳しい調査がなされている。

西アフリカのギニア共和国ボッソウ保護区で野生のチンパンジーの子供の遊びは、「レスリングをしてじゃれあったり、木の棒や小石をぶっつけあったり、木の上から順番にジャンプする」（明和政子「人間らしい遊びとは？」『遊びの人類学ことはじめ』）など非常に活発であったと報告されている。

チンパンジーは必ずしも遊びだけでない場合も含めると、「道具使用のパターンは四〇種類を超え……チンパンジーの道具使用は、その複雑さや種類の多さという点で、人間以外の種のなかでは群を抜いている」（前同書）という。観察によると、チンパンジーがなんらかの物を使った遊びは合計二二九件の行動事例が確認された。社会的遊びとみなされる二頭以上が参加したのはこのうちの約半数の一一七事例で全体の五一・一％であった。

チンパンジーは「一方向的」とでもいえる遊びが多く、一例を挙げると「一方の子どもが、他方の子どもの口のなかに木の枝を差し込む。しかし、木の枝を相手に手渡して役割を交代する遊びには至らない」というものである。このような「遊び」が多いものの、子供達が一斉に木にぶらさがって回転するという共同の行動もおこなっている。明和氏はこれを「双方向的な遊び」として、幾つかの例を挙げている。

興味深いのは、野生のチンパンジーの子供達が「遊び道具」ともいえるものを自分で製作し、使用していた報告である。食べるためでなく「木の先端部を折り、皮を剝いでなめ、滑りをよくする」動作をしていたことである。そして滑りのよくなった先端部を握って回転させたという。ある種の「おもちゃ」を作ったとも考えられ、彼らの優れた能力の表われともいえる。

明和氏は、「ボッソウに生息する未経産の若いメスたちが小動物を捕獲した後、それを食べることもなく何日間も保持し続ける」（明和政子『まねが育むヒトの心』）行為を幾度も目撃している。ペットとして飼うのだろうか。これについて京都大学霊長類研究所の平田聡教授はチンパンジーの「お人形遊び」と表現している。彼らは捕えた小動物を玩具のように扱っていたのかもしれない。

この他にも特定のある物を「大事そうに抱きかかえ、時にはお手玉をするように繰り返し投げて遊んでいました」（前同書）という観察も報告されている。チンパンジーの遊びについての驚くべき生態である。両手を自由に動かすことのできる進化の一面といえる。

チンパンジーの優れた能力は遊びか「遊びのような所作」においても十分に発揮されている。とりわけペットか玩具か不明であるが、小動物を保存するのは人間の玩具の所持を考えるうえでの重要な参考になるであろう。お手玉のように特殊な物品を扱うことは、後述する玩具の起源と比べるときに、人間がおこなう動作とほぼ同じとみてよい。


人間の遊びの起源を探るにあたって、チンパンジーの行動は大きな示唆を与え、人間の原始的な遊びと重なるところが多々あるようにみえる。それほどチンパンジーの知能が秀でているからである。それにもかかわらずチンパンジーの「遊び」には限界があるようだ。人間の子供の遊びと比較するとやはり大きな違いがある。次元の異なる差ともいえる。

例えば、チンパンジーはごく簡単なルールであっても、攻守を互いに交代してなんらかの遊びをすることができない。前述の「一方向的」な遊びのみである。

単純な木の枝などの道具を交代して使うことはできない。これは人間だけの動作である。観察を継続しておこなうと、モノであれ相手であれ「交互交代的な社会的遊びこそが、人間特有の遊びのスタイル」(「人間らしい遊びとは?」『遊びの人類学ことはじめ』)と確認できたという。

結論は、ルールを定めてそれに従い、自分だけの感情でなく、相手の心も理解できるのは人間だけである、といってよいであろう。言語の発達や複雑な思考とも関わりがあるのだろうが、一方的でなく複数で遊ぶことができるのは人間だけである。社会的な遊びが可能なのは人間だけである。

この社会性は集団をつくることによってのみ生きのびてきた人間だけに具わったものであろう。人間社会の成り立ちと関係している。人間が長期にわたった営みのなかでの社会生活と学び獲得した社会性によってのみ、社会的な遊びを築き上げてきた。これが人間の遊びである。

以上がきわめて当たり前ともいえるが、人類が遊ぶための大前提である。人類がいかに優れていて、我々の祖先のみが遊びを生み出したという基礎になるものである。しかしこれだけでは不十分である。次章からさらに遊びに至る道筋をみていきたい。

第一章　遊びへの準備

一　狩猟と遊び

人類が〝遊び〟を創り出すほど賢くなったのは、生活そのものから学んだからであろう。長期にわたる狩猟生活から生まれた知恵が代々受け継がれたからである。生きていくために必要な行動から経験をつみ、知識が蓄積されてきた。狩猟生活を豊かにするために、人類は様々な用具を考案した。

槍は最も古い狩猟用具の一つで、数十万年前から使われてきた。ドイツのハノーヴァー市から東に一〇〇キロほどのところにシェーニンゲン遺跡がある。ここから、「保存状態のいい四本の槍を発見していた。一本めは一八二センチ、二本めは二二五センチ、三本めは二三〇センチの長さだった」（ファン・ルイス・アルスアガ／藤野邦夫訳『ネアンデルタール人の首飾り』）。四本目は二〇〇センチ以上もあったと思われる槍の折れた部分であった。いずれも針葉樹から作られていて、この遺跡からは馬の化石が多く発見されている。馬の肉を剝がしたりした解体作業の跡もみつかっている。

年代を測定した結果、「われわれは五〇万年前の人類集団が、襲撃の準備をしてウマの群れを待ち伏せた情景を想像することができる」（前同書）という。「英国では、二五万年前と目される堆積物から、イチイ製のもの（槍）が見つかった」（カールトン・スティーヴンズ・クーン／平野温美、鳴島史之訳『世界の狩猟民』）ように、槍は非常に古い時代から使われていた。

植物の蔓で作られた投石器も狩りに必要な道具であった。後に獣皮が使われて、石を「革紐の端に結んで、頭上で回して投げると、かなりの速さと距離が出る」（前同書）便利な道具であった。一方の端に取っ手のある短い木製の投槍器も、槍の射程と速度を増したことは既に述べたが、蜂蜜を採るための縄梯子、弓矢、吹矢など狩猟用具が幾つも発明された。生きていくための知恵の結晶である。

狩りは道具の習熟だけでなく、身体的能力を最大限に発揮することも必要であった。アフリカのカラハリの草原や森林で、二人のブッシュマンの狩人に同行したロバーツ博士は、オリックスを追跡する二人が「折れた小枝や踏みつぶされた葉、糞の山を次々に見つけ、ついに蹄の跡を再び発見した。何度もそんなことが起きた。……彼らの勘の鋭さにはつくづく驚かされた」（アリス・ロバーツ／野中香方子訳『人類20万年 遙かなる旅路』）。嗅覚と観察力と経験からくる彼らの能力であろう。

しかし博士がもっと驚いたのは、二人の狩人が炎天下に汗もかかずに長時間走り続けたことであった。むろん博士はとうてい随行することができなかったが、すばらしい体力に感嘆している。それだけでなく彼らは遥か遠くを移動する動物をみつける視力を持っていた。狩猟生活は人間の身体的能力も発達させた。

オーストラリアの先住民アボリジニも優れた身体的能力を持っている。アフリカの人々だけでなく、本来人間の持っている能力かもしれない。一例を挙げると、彼らは「カンガルーの足跡を見つけ、屈み込み、匂いをかぐ。……狩人はその足跡がどの程度新しいかわかる。カンガルーの糞や、動物がおしっこした場所が見つかれば、時間の経過がよりはっきりする」（『世界の狩猟民』以下同）、鋭い嗅覚の持ち主である。狩りは身体的能力を鍛えるだけでなく獲物の生態を観察し熟知する必要があった。これによってより効果的に獲物を仕留めることができた。

獲物を熟知することは、獲物と駆け引きをし欺くことにつながった。

アイヌ民族の鹿狩りの方法は、「隠れている狩人がシカをおびき寄せるには、まず（木片に開けられた）穴の上にある糸を濡らし、それから円弧上の吹き口から吹く。その間、親指を（木片の表面に張った）魚の皮の上を走らせる。音は子ジカの鳴き声にとても良く似ているので、雌ジカを射程まで引き寄せることになる」。手の込んだやり方であるが、子鹿の声の擬音で雌鹿を欺く方法である。

アメリカ西部のマイドゥ・インディアンの鹿狩りの方法は、「狩人は一人か二人ぐらいでシカの群の中に入って行く。シカの皮を着て、中をくり抜いて軽くした角を身につけてある。狩人の胸は白く塗られ、前足に見せかける棒を二本持っている。時折棒を擦り合わせて、交尾の過程で行う互いの角の擦り合わせの音を真似する」。これは自分も交尾が可能かと思い込んで、近寄ってくる鹿に毒矢を射つ方法である。毒がまわって

スペイン・ヴァルトルタ洞窟に描かれた鹿狩りの図（約1万年前、『ケイブ・アート』）

倒れた鹿を捕えるのは容易な作業であるという。

　この方法はアメリカでなく、ヨーロッパで非常に古い時代からおこなわれていた可能性がある。フランスのアリエージュ県にあるトロワ・フレール洞窟はおよそ一万四〇〇〇年前に人が住んでいた証拠のある遺跡であるが、壁に鹿に変装した男の姿が描かれている。インディアンの鹿狩りを連想させる絵である。しかし発見者は、この絵を「魔術師」と名付けている。シャーマンかそれに類したものと判断したのであろう。

　アフリカ中部のムブティ・ピグミーの象狩りをする勇敢な狩人は、「新しいゾウの足跡に出会うと、身体じゅうにゾウの糞を塗りたくり、ゾウが人間の臭いをわからなくさせる。ゾウの内臓の音が聞こえるくらいに近くに来ると、風があれば風下から忍び寄り、肋骨の下に槍を突刺し、すぐに引き抜く」。この場合にはたいていもう一人の狩人がいて、後ろから象を突いて注意をそらせるという。

　ベーリング海峡のエスキモー達は、鴨猟の際に「ハヤブサの鳴き真似をし、ハヤブサの羽のようにぱたぱたする木の皮を空に投げる。すると（驚いた）カモは急降下し、低く水をかすめて飛び（張ってあった）網にぶつかる。首の羽毛が編み目に挟まって、逃げられなくなって男たちの手に落ちる」。非常に巧みにハヤブサの鳴き声を真似るという。

以上は狩猟の僅かな例であるが、獲物の目をごまかし、習性を利用したものである。偽装して獲物を捕える狩猟は他にも多くの例がある。

狩猟によって人類は、遊びに必要な駆け引き、相手を欺くテクニックなどを身につけたといえるであろう。

狩猟と遊びの関連については幾つもの報告がある。「狩猟的遊び」かあるいは「遊び的狩猟」ともいえるものであろう。

一例を挙げると、マレーシアのラノー族は季節ごとに移動して狩猟採集生活を送っている。この一族の少女達は移動してアイル・バ川に着くと、「すぐに素手や、竹で編んだ蓑《みの》ざる（片方が開いたざる）で、魚を追いはじめた」（『人類20万年　遙かなる旅路』）。彼女達は自発的に嬉々として魚採りをはじめた。これは彼女達の娯楽のようにみえた。

この光景では、少女達は大きな丸い石の下に手を突っ込み、魚に触れると歓声をあげ、水しぶきをあげて笑いあった。食糧確保という目的もむろんあったのだろうが、「十代後半の四人の少女たちにとって、魚を採るのは楽しい遊びの時間でもあった」（前同書）。

中部アフリカの熱帯雨林域で暮らしているピグミー系狩猟採集民のバカ族についての報告

がある。少年達の釣りについてである。釣りも遊びで、「少年達がはしゃぎながら小川をさかのぼり、また下り、水をはねながら次つぎと釣り場所を変えていくさまは、成果を求めることよりも、それ自体が行為を楽しむ遊びであると見なすこともできる」(亀井伸孝『森の小さな〈ハンター〉たち――狩猟採集民の子どもの民族誌』)。また、バカ族の、小川をせき止めて魚や蟹を手づかみにする「かいだし漁」は少女や女性達でおこなわれているが、楽しげに協力しあっていたと述べられている。

狩猟採集民のムブティ・ピグミーの集団での小動物の狩りもある種のお祭り気分がかもしだされるという。家族ごとに蔓で編んだ高さ約一メートル、長さ三〇～五〇メートルの網を一〇家族ほど並んでつなぎ合わせ、大きな円弧を描きながら小動物を追い込んでいく。女性と子供は囃したてて勢子《せこ》の役を務め、男達は網を進め、網にかかった獲物を処理する(福井勝義他編『講座 世界の先住民族――ファースト・ピープルズの現在05 サハラ以南アフリカ』)。共同の作業が獲物を得る目的とあいまって楽しい雰囲気をかもしだしているのであろう。

狩猟は食糧を獲得し、生存するために欠かせない行動であるが、このなかにも遊びに通じる営みが含まれているのであろう。

それとも、獲物を待ち伏せ、罠を仕掛けて待機する緊張感や獲物にうまく槍が命中したり矢や投石が当たった時の優越感や達成感、獲物を仕留めた満足感、獲物との知恵比べに勝ったという勝利感等々が〝遊び〟との共通で、狩猟を通じて遊びへの準備がなされたのであろう。獲物を得るための偽装や擬態が遊びに結びつくものであろう。

人類は狩猟生活のなかで様々な事柄を学んできた。遊びへの接近の重要な過程であった。

二　装飾品・装身具

人間が優れていてチンパンジーなどの動物との違いを際立たせるのが装飾品や装身具の製作である。

最初は非常に簡単なもので、「イスラエルのスフール洞窟から出土した穴のあいた貝殻は一三万五〇〇〇年前から一〇万年前のものと推定されている」(『人類20万年　遙かなる旅路』)。おそらく植物の蔓などを通して、首か腰から吊り下げていたものであろうと推測されている。

一三万年前頃という古い時代であるが、最近もアメリカの科学雑誌に発表された論文によると、「クロアチアにある約13万年前のネアンデルタール人の遺跡で見つかったオジロワシのつめを調べました。つめは8本あり、ふちを滑らかにするため研磨したりした痕が残っていました。また、糸のようなものを通した穴が開いているものもありました。研究グループは、ネックレスやブレスレットに用いたものではないかとみています」(「しんぶん赤旗」二〇一五年三月一六日)。論文を発表したカンサス大学などの国際研究グループは、ネアンデルタール人が装飾品を作る能力を持っていた証拠を示す材料としている。

少し時代が下った頃には、「南アフリカのブロンボズ洞窟において七万五〇〇〇年前の地層から小さな巻貝製のビーズ四一点と赤色オーカー(ベンガラ)の塊が八〇〇〇点以上出土し、さらにオーカーの中に斜めの格子パターンが連続する幾何学紋様(「世界最古の確かな抽象模様」)が線刻されたもの二点、また三面以上こすった面がある「クレオン」と定義されるものが一二点発見されている」(長沼孝「装飾品と顔料」『講座 日本の考古学2 旧石器時代』)。

今から一三万年も前にどのようにして貝殻や鳥の爪に小さい穴をあけることができたのか。人間の優れた技術を示し、知能の高さの証明である。さらに七万年ほど前になると紋様を描き、小さい物品に穴をあけるようになっていた。赤色オーカーも装身具の一種とみなされているが、色別するセンスも身につけていた。

さらに時代が下ると装身具とみなされる物品の発見は一段と豊富になる。トルコ南西部の海岸に近いクサル・アキル遺跡とウチャギズリ遺跡からも装身具とみなされる物品が発見されている。その最も古い層は、四万四〇〇〇年から四万一〇〇〇年前頃と推定されている。「ウチャギズリだけで五〇〇個を超える貝殻のビーズが見つかっている」(『人類20万年 遙かなる旅路』)。フランスのヴェゼール渓谷にあるアブリ・カスタネ遺跡はオーリニャック文化(四万二〇〇〇年前に出現)の初期の遺跡で、「石のビーズも数百個、見つかった。大半はとても小さく、直径は五ミリにも満たない」(前同書)。この付近の少し離れた幾つかの場所でビーズが発見されているので、この時期のこの地方でビーズの着用が流行したのか、この地に住む人類が慣習としてビーズを身に着けるようになったのだろうと考古学者達は考えている。

スペインのレンヌ洞窟からは、「シャテルペロン文化(三万五〇〇〇年前に出現)に属する道具類とともに、穴をあけたか溝を彫った歯と骨が発見されている。これらは象牙のビーズやリングや海の生物の化石とおなじく、首や腕にかける予定だったか、個人のアクセサリー用に考えられたものだろう」(『ネアンデルタール人の首飾り』)。同時代のフランスのカンセー遺跡でも「つけ根に穴をあけた六個の歯が発見されている」(前同書)。

装飾品や装身具はシベリアの遺跡からも発見されている。それゆえ装飾品はフランスやスペインに数万年前に住んでいた人達のみが着用していたのではなかった。人類に共通するものであった。なぜ？　と考える前にシベリアの遺跡を詳しくみてみよう。「ロシアのマンギール遺跡から出た二万八〇〇〇年前の埋葬地から発見された装飾品は、六〇歳ほどの男性が紐に通した二九三六個のビーズ又は破片で飾られ、前腕と上腕にはマンモスの牙製の腕輪が全部で二五連、幼い少年とみなされる遺骨は紐に通した四九〇三個のビーズ、少女と思われる遺骨には五二七四個のビーズ又は破片があった」（スティーヴン・ミズン／松浦俊輔、牧野美佐緒訳『心の先史時代』）。

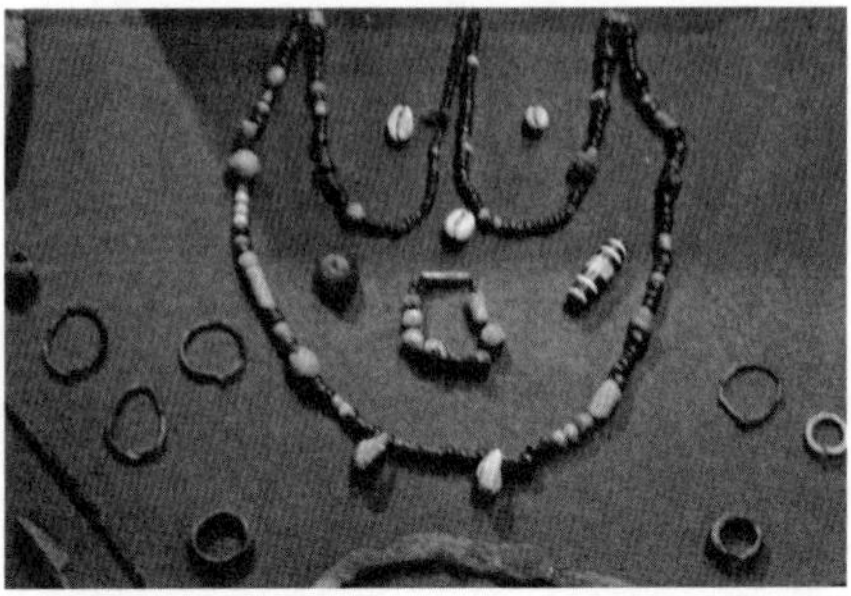

先住民族の装飾品　キルギス（ビスケシュ国立考古学博物館蔵）

考古学者達の綿密な調査で、驚くほど多数のビーズが着けられていたことがわかった。当時の人々にとって小さい石や貝殻に微小な穴をあける作業だけでも、大変な労力を必要とする細工だったのだろう。どのような道具を使ったのか、その工夫には驚かされるが一個に穴をあけるだけでもかなりな時間を要したのだろう。それがこの遺跡では合計すると約一万三〇〇〇個のビーズが作られていた。たぶん植物の繊維を通してつないだのであろうが、これも根気のいる仕事だった。

埋葬された時期が異なるにしても、そして生前に身に着けていたものであっても、ビーズを作る手間は大変なものであったのだろう。個人の手作業でなく複数の人々の共同作業により作られたのであろう。なんらかの共通の目的があったので辛抱づよい作業もなしえたと考えられる。装飾品や装身具が各地で作り続けられたことは海外を含む多くの博物館で観ることができる。次第に豪華に精巧になってきたことはすべての人々の認める事実である。

日本列島での出土装飾品で最も古いものは、二万四〇〇〇年前から二万二〇〇〇年前とみなされている。「北海道のダナイトおよび琥珀《こはく》製の玉・重飾類である」(『講座　日本の考古学2　旧石器時代』)。しかし、これらはシベリアなどの大陸で作られた可能性が大きいと判断されている。縄文時代(一万六〇〇〇年前から)の装飾品は多数発見されていて『縄文美術館』(写真小川忠博　監修小野正文・堤隆)に写真と共に掲載されている。ネックレス、ペンダント、イヤリングなどの説明は次の通りである。

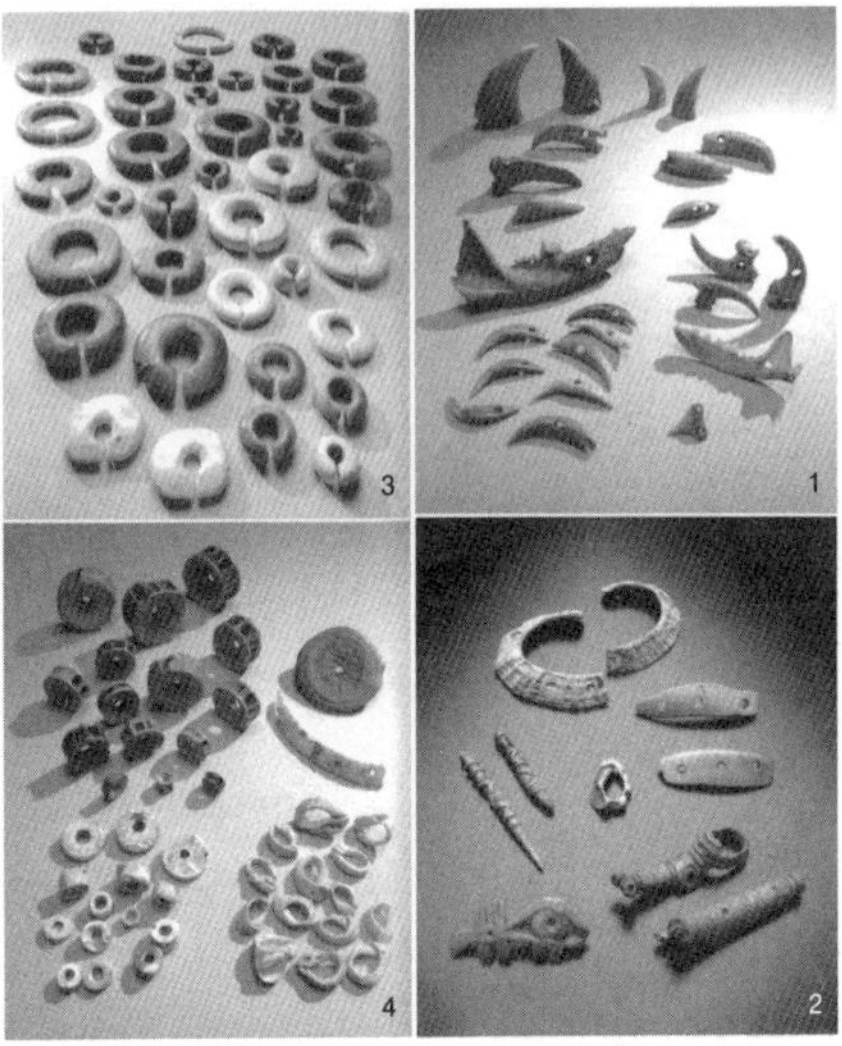

縄文人の装飾品（『縄文美術館』）

1　真中に、キツネの下顎と鷲の爪3本。上から大きなトドの牙（犬歯）、アシカ、オットセイ、イルカの牙が並び、キツネの上にはヒグマの牙と爪、下にはキツネの牙が8本、鷲の爪の下にはテンの下顎、その下にはホオジロザメの歯が1本、穴が開けられています（骨製品…北海道入江貝塚）。

2　貝の腕輪やペンダント、シカの角の笄（こうがい）、手前にはイノシシの牙で作ったペンダント、シカの角を細工した腰飾りが並んでいます（貝・骨製品…宮城県里浜貝塚）。

3　すべて耳飾りです。リングにある切れ目を耳たぶの穴に通してぶら下げる石製の耳飾りです（石製品…福井県桑野遺跡）。

4　たくさんの丸い茶色の骨はサメの背骨、大きなものはイルカです。貝殻も丸く整え、穴を開け、巻貝も輪切りにしてビーズにしています（貝・骨製品…北海道入江貝塚）。
5　北海道最北端の礼文島の遺跡から出土した貝のビーズ、貝玉です。二枚貝のビノスガイの貝殻から何枚もの小さい貝片を作り、丸く整形し、島で採れるメノウをキリにして穴を開けています。墓の人骨には、首、足首、手首など一体に一〇〇個以上の貝玉が着けられていました。この遺跡から出土した貝玉は約四五〇〇点、メノウ製のキリは未製品を含め三万点ありました（貝製品…北海道船泊遺跡）。
6　ネックレスをした珍しい土偶です（土偶…長野県石神遺跡）。
この他に木製の櫛（埼玉県後谷遺跡）。ピアス式耳飾り（同）。髪飾りかブレスレット（青森県十腰内遺跡、岩手県近内中村遺跡）。腰飾りあるいはペンダント（山梨県青木遺跡）。土製のブレスレット（秋田県向様田A遺跡）。イノシシの歯の加工品（北海道入江貝塚）。樹皮製指輪（新潟県青田遺跡）。石製ペンダント（長野県滝沢遺跡）などが出土している。

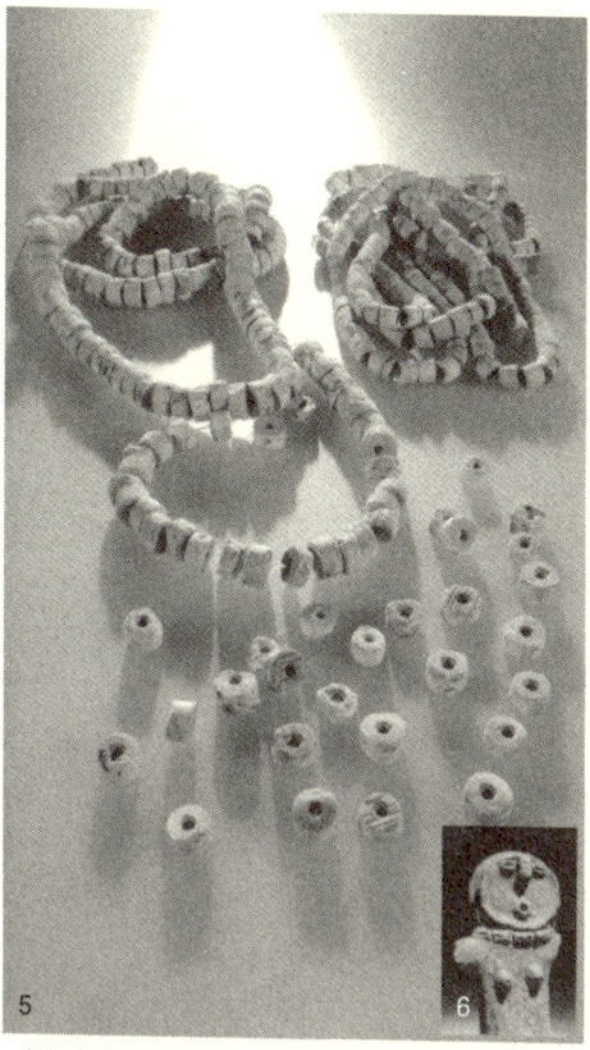

縄文人の装飾品（『縄文美術館』）

これらの材料は捕えることのできる様々な動物、海獣、大型魚、鳥類の爪や歯および骨を利用している。また多数の貝類を加工し、そのためにメノウの錐を多数用意している。むろん縄文期の一万数千年の間に作られたものであるので、さほど多くないと考えるかたがたもあるだろうが、形状の多種多様は驚嘆すべきものである。

このように世界各地でも日本列島でも想像以上に古い時代から人類は装飾品を作り続けてきた。なぜこのような営みが受け継がれてきたのか、装飾品や入れ墨で身体を飾り立てるのは人間の本能だろうか、ネアンデルタール人も現生人類も共に「おしゃれ」であって、これが人間と動物との違いなのか、これらの問題や疑問に考古学者達は幾つかの見解を述べている。

例えば、S・ミズンは「ビーズやペンダントを「装飾品」と呼ぶと、その重要性を小さく見せてしまう危険性がある。それらは今日の我々の社会でもそうなっているように、死者の身分、所属する集団、他者との関係といった社会的なメッセージを送るものとして機能したのだろう」(『心の先史時代』)。このように指摘して、個人が身体を飾り立てる用具ではなく、ある一定の社会的集団を表わすものだという。J・L・アルスアガは「アクセサリーは美的・装飾的意味をもっただけでなく、持ち主にかかわる視覚的情報も伝達した。この時代のアクセサリーは親子関係、所属集団、社会的地位と、独身か既婚者か未亡人かという位置についての情報を提供」(『ネアンデルタール人の首飾り』)したと考えられるとしている。「社会的地位」とまで踏み込んでいるので、既に集団のリーダー的な存在が芽生えていたことを示唆している。

A・ロバーツは長期にわたる装飾品の研究から一つの結論に達している。それは「現生人類が文化を共有し、それ以前の人類には見られなかったコミュニケーション・システムをもっていたことを示しているのだ」(『人類20万年 遙かなる旅路』)。装飾品や装身具にはこのような役割があったという。さらに、「人と違う服や装飾品を身につけて自分のアイデンティティを主張しはじめたことは、グループ内に階級や上下関係が生まれたことを意味しています」(前同書)と断定している他の研究者の発言を加えている。

人類が装飾品を作り続け、次の世代が受け継ぎ、さらにその次の世代へと順に伝えたのは、社会的な意味があったからであり、特別なデザインは各々のグループの特徴であった。装飾品の製造は技術の発展ももたらしたのであろう。これが遊戯具の製造と結びつくのは、まだかなり後の時代である。

三　ヒトの芸術性（一）

我々の祖先の賢明さや行動力、技術の水準の高さを述べたが、それだけでは〝遊び〟を創り出すのにまだ不足していたのだろう、さらに豊かな発想が求められた。幸いなことに旧石器時代の人々の鋭い感性を示す多くの作品が残されている。遊びへの道筋を解き明かしてくれるかもしれない。

一例を挙げると、二〇〇八年にドイツ中部のフォーゲルヘルトの洞窟遺跡で発見された作品である。「およそ三万五〇〇〇年前のものと推定される、マンモスの牙で作った笛だった」（『人類20万年 遙かなる旅路』）。そばには白鳥の骨で作った中空の笛も三管あったという。

笛はマンモスの牙から細長い棒状を切り出し、それを縦半分に割って中空になるように内側を削り、その後、カバの木の樹脂のようなものでくっつけて笛にするという「非常に複雑な工程を経て完成したもの」（前同書）であった。マンモスの牙で笛を作ったのは、白鳥の骨製の笛では音が弱すぎたからであろう。大きく力強い音を求めたと考えられている。たんに大きな音というのなら肉声で十分であった。笛は楽器としてなんらかのメロディを奏したのであろう、通信手段でなく演奏用であった。それならば笛の演奏を鑑賞するだけの感性が育っていたといえる。

他にも旧石器時代後期の人々の心情を示す手掛かりとして一個の人物像がある。三万四〇〇〇年前から三万年前と推定されているドイツ南西部のホーレンシュタイン遺跡から発見されたもので、ライオンの頭を持った人物像である。象牙製で高さは二八・一センチである。一九三九年に見出されたが、あまりにも奇妙な頭はライオンなので意味不明のまま放置されていた。その後の一九六九年と一九八八年に再調査され、像は男性でなく女性であることが確認された。現在のところ「シャーマンの一部分がライオンに変身したのを表現しているのか、神か英雄を表わしているのか、それとも何か超自然の精神ともいえるものを表現しようとしているのか、いまだ確定した意見はない」(ジャン・コレッツ『ケイブ・アート』)。

もしシャーマンか神を表わしているのなら、三万年以上も前に特別な概念を持っていたことになり、我々の祖先の心情を推定する重要な手掛かりであろう。

旧石器時代の人々は笛だけでなくたくさんの芸術品も残している。フォーゲルヘルト遺跡の近くのホーレ・フェルス洞窟で発見されたのは、「三センチほどの、牙製の小さなマンモスがあった。丸々としていて、とても写実的だった」(『人類20万年 遙かなる旅路』)。この他にもマンモスの牙で作ったライオン、小さい美しい鳥、棒状の石製品でペニスを象ったものも発見された。

チェコ共和国の東部にあるドルニ・ヴィエストニッツェ遺跡からもマンモスの牙で作った様々な動物の小像が発見され、そのなかにはライオンの頭もあった。この遺跡の近くのパブロフ遺跡からは、「ヴィーナスを始め、粘土で作ったものが一万個以上発見された。二万六〇〇〇年前に作られたそれらは、甕《かめ》などの実用本位の土器が登場する時代より一万四〇〇〇

モラビア地方のパブロフから発掘された女性像(紀元前2万4000年頃、『女神の言葉』)

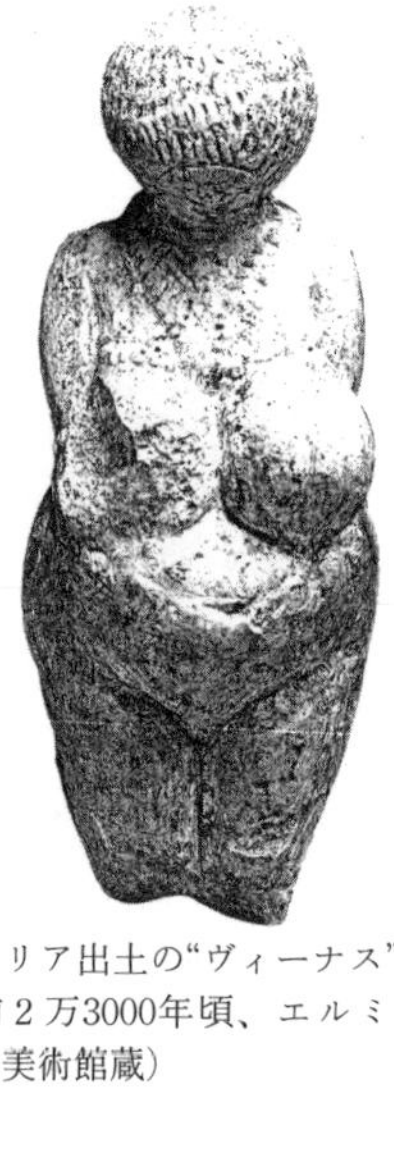

シベリア出土の"ヴィーナス"(紀元前2万3000年頃、エルミタージュ美術館蔵)

年も前のものだ」（前同書）。

ここで述べている〝ヴィーナス〟は、考古学者達の間でその後も常にこの名前でよばれているが、高さ二二・二センチの土偶で大きなたれ下がった乳房と太い腹があり、へそと陰部が明確に彫られたものであった。多数の粘土製品は動物の小像や日用品および用途不明の品々であった。しかし実用品以外に何の目的で作られたのかわからないものも、この時代の人々の想像力や豊かな感性を示しているのであろう。

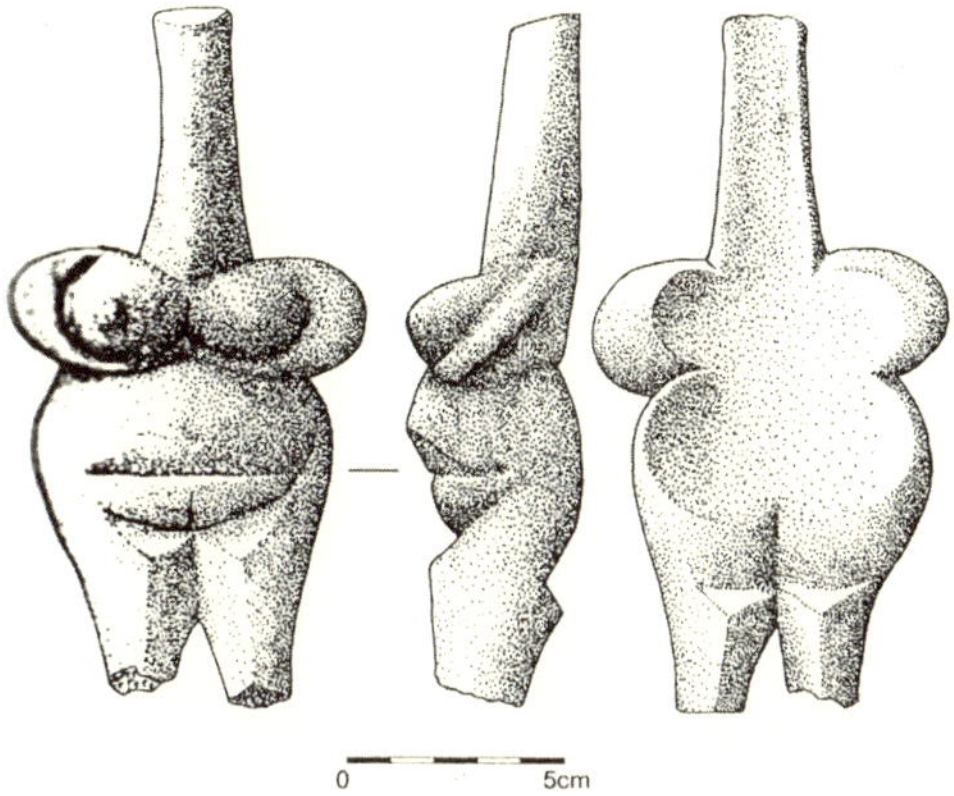

新石器時代の女性像　東ヨーロッパ・ハマンギア出土（『先史時代の像』）

各国の考古学者達のいう〝ヴィーナス〟は各地で発見されている。一九〇九年にオーストリアのヴィレンドルフでの鉄道工事の際に発見された女性像は、後期旧石器時代に作られたものである。石灰石製の高さ一一センチで、木村重信氏の解説によると「乳部、腹部、臀部が著しく誇張され、両股《また》の間には裂け目がはっきり表わされている。髪は輪を重ねたように調整されているが、顔は空白で、腕は薄いレリーフになっている」(『大系　世界の美術　第1巻　先史　アフリカ・オセアニア美術』)。

大きな乳房と臀部を持ち、明らかに女性の性器を強調した像は、多産と豊猟・豊撈を願う古代の人々の祈願を表現しているのであろう。二万五〇〇〇年前から二万年前とみなされるフランスのドルドーニュ県にあるラッセル洞窟の壁には〝ヴィーナス〟の浮彫りがある。現在はボルドー博物館が所蔵しているが、高さ四六センチの像は大きい乳房と幅広い腰が描かれている。研究者達は妊婦の像と判断した。

我々の祖先は人物像や動物像を作り続けてきた。豊猟への祈願か、動物の習性を把握するためか幾つもの理由があったのだろうが、彫刻は精巧で写実的で〝芸術〟と呼ぶにふさわしい作品を多く製作している。

一例を挙げると、一万一〇〇〇年前頃のフランスのオート・ガロンヌ県にあるレスピューグ洞窟からは骨製の魚の像が発見されている。長さ四・四センチであるが平らな形でヒラメかカレイであることは確実である。ピレネー山脈に近いこの洞窟の付近でこの種の魚が獲れることはないので、なぜヒラメかカレイの像があるのか不思議である。洞窟の住人はとてつもない長路を旅したのか、比較的近い場所で交易がおこなわれていた可能性が大きい。この洞窟が注目されたのはおびただしい数の石製の動物像の出土のためであった。破片も含めると馬の彫像が七〇、牛が四五、熊が九個で総計は一八〇個以上とされている。同時期のやはりフランスのイストリッツ洞窟からは、非常に写実的で優れた馬の頭部（骨製、長さ約七センチ）をはじめたくさんの動物像が発見されている。

〝ヴィーナス像〟も作り続けられていた。ルーマニア東部の黒海に近接したハマンギア遺跡群がある。紀元前六〇〇〇年頃から同五〇〇〇年頃の遺跡である。どの遺跡からも出土品のなかに女性像がある。いずれも大きな乳房と太い腰のある高さ一四センチ前後の像である。長い頸の特殊な形なので「ハマンギア様式」と名付けている研究者もいる。

多産や豊穣の象徴とみなされている〝ヴィーナス〟はギリシア北部からも発見されている。紀元前六七〇〇年から同五六〇〇年頃の新石器時代のテッサリ地域の遺跡群から出土している。遠く距《へだ》たったインダス川流域でも、紀元前六〇〇〇年紀の粘土の人物像が数多く発見されている。「大多数の像は女性で男性像は稀である。これで〝女神崇拝〟の慣習があったのは明確と思える」（ブリードゲット、レイモンド・アルチン『インドとパキスタンにおける文明の曙』）。むろん女性像は大きな乳房と太い腰を持っている。

インダス川西部でパキスタン中西部のダンブ・サダール遺跡からは、紀元前四〇〇〇年から同三〇〇〇年頃の女性像の土偶が出土している。大きい乳房と入念に写実された髪がある。発見した考古学者は〝ヴィーナス〟でなく〝クィーン〟と名付けている。

シベリアからも〝ヴィーナス〟像は発見されていて、世界中のたくさんの地域で豊穣を願う気持ちが表現されていた。人類の共通した望みであり、これを具体的な彫像にしたのは当時の人々の美意識の表われであったのだろう。

日本でも同様な女性像が発見されている。縄文時代後半期とされる四五〇〇年ほど前のものである。千葉県堀之内貝塚や茨城県冬木遺跡から出土した像は、下半身が欠損しているが両方とも大きな乳房を持っている。

インダス文明期の動物像

これらの〝ヴィーナス〟像よりも我々の祖先の芸術性が遺憾なく発揮されているのは動物像である。

新石器時代（諸説あるが、およそ九〇〇〇年前から四〇〇〇年前ほど）から南インドではこぶ牛が農耕に使われ、食糧にされてきた。理由は不明であるがこぶ牛の土偶が新石器時代の早い時期から作られていた。また岩壁にこぶ牛が描かれている。インド中西部のカヤッタ遺跡からは雄牛の小像が、インド南部のピクリハール遺跡でも雄牛の土偶が出土している。

大英博物館にはメソポタミアのウルクから発見された雄牛の土偶をはじめ紀元前三〇〇〇年頃およびそれ以後の多数の動物像が展示されている。ヨーロッパの博物館には旧石器時代後期から新石器時代の初めにかけてのおびただしい数の動物像が所蔵されている。そのなかにはそれぞれの動物の特徴を見事に表現した小像も少なくない。我々の祖先の造形の巧みさには驚かされる。なかでもクレタ島のイラクリオン考古学博物館の多数の動物像は立派な出来映えである。神に感謝するためか、なんらかの宗教的な意味を持つのか、祖先への崇拝か狩猟の訓練のためか理由は不明で推測の域を出ないが、入念な細工は特別な意味があったのだろう。

日本列島でも動物像は多数作られている。「縄文人の狩の主要な獲物はシカとイノシシです。……縄文時代中頃からイノシシの形に焼いた土製品が現れます」(『縄文美術館』)。むろん当時の人々はイノシシだけでなく月の輪熊、羆《ひぐま》、犬、梟《ふくろう》、猿、鹿、水鳥、鯱《しやち》の土偶も作っている。これらはいずれも写実的な優れた作品である。動物や鳥、魚の土偶は生活と関わりの深いもので、身近に観察することが可能だったからであろう。

研究者達は世界でも日本でも、動物の土偶は豊富に獲るための祈願により作られたという解釈が多数である。しかし魔除けあるいは祖先崇拝の意味を持つという判断も少なくない。いずれにせよ豊かな発想と繊細な心情は遊びの創造にとっても不可欠で、遊びへの準備がなされてきたとみることができる。

四　ヒトの芸術性（二）

前節で南インドのきわめて古い時代の岩壁にこぶ牛が描かれていることを述べたが、新石器時代の南インドのカルナタカとアンダーラの花崗岩の壁にも当時の人々が描いた壁画が残されている。

これらは長い角を持った動物やこぶ牛狩りとみなされる絵、複数のダンスをしている人物、雄牛に曳かせた二輪車などである。「たいていはこの丘に住んでいた新石器時代の人々の手によるものであろうが、彼らより先に住んでいた狩猟民族が描いた可能性もきわめて大きい」

（『インドとパキスタンにおける文明の曙』）。

インドで岩に描かれた旧石器時代や新石器時代の絵は南部だけでなく、ガンジス川中流のマスキやクプガル、ピクリハールなどの遺跡の壁でもみることができる。今日ではインドだけでなく地球上の広汎な地域で、古代の人々の描いた絵があることが知られている。


最も有名な岩絵はフランスのラスコー洞窟の壁に描かれた動物達の絵であろう。

ラスコーはフランス南部のドルドーニュ県のモンティニャック村の南にある旧石器時代の洞窟遺跡である。一九四〇年に近くの村の少年四人が、彼らの飼犬が深い穴に落ちたので救《たす》け出そうとして発見した。細長い洞窟は約一〇〇メートルも続き、右と左に分岐した空洞もあった。ここに様々な動物が描かれているが、年代は二万二〇〇〇年前から一万七〇〇〇年前とされている。

動物の絵は馬が最も多く、次いで牛、鹿、野牛《バイソン》であり、狼、熊、山羊なども描かれていて洞窟全体で九一五頭の動物の絵が確認されている。僅かではあるが鳥と人物とみなされる絵もある。壁絵から当時この地方に生息していた動物を知ることができる。

発見当初から動物の絵について、旧石器時代の人々の優れた描写力に驚愕《きょうがく》と感嘆の賛辞が寄せられた。壁絵は一躍有名になり多くの出版物で紹介されて世界中から注目された。輪郭の的確さだけでなく、黄、赤、黒、褐色などの色彩を巧みに使いわけていることも賞賛された。暗闇のなかの洞窟でさほど強力な照明がなかった時代である。そのうえ、「芸術家達は動物の毛皮の色などから判断して、冬の終わりと春の初めの馬、夏の野牛、秋の雄鹿のように各々の動物の最も盛んな季節に似合う描写をしている」(『ケイブ・アート』)。鋭い観察力と細かい描写である。彼らは動物をきわめて正確に把握していた。

これほど優れた動物画であり、写実の精華であるにもかかわらず、不思議なことは一角獣とみなされる架空の動物が描かれていることである。この動物は膨らんだ腹、短い尾、背中にこぶがあり、四角い頭で胴体には黒い楕円形の斑点様の印がある。「架空の動物かそうでないのか、この種の動物はまったく知られていない」(前同書)。

周知のようにラスコーの洞窟画は最古のものではない。

フランス南部のアンジュー県にあるショーヴェ洞窟は一九九四年一二月に発見されたが、ここに描かれた岩絵は三万三〇〇〇年前から三万年前の間と推定された。ラスコーの洞窟画より約一万年前である。

この洞窟の奥行きは約四〇〇メートルで、途中に幅一〇〇メートルほどの広い空間がある。調査隊は一五か所のギャラリーや小部屋と名付けた個所に集中して動物の絵があることを確認した。絵は主として赤鉄鉱や酸化鉄の赤い顔料を使っていた。長さ二メートルもある大きな熊や馬、犀《さい》、牛の絵やそれらが互いに闘っている絵で、いずれも迫真のすばらしい写実的な作品であった。とても三万年も前の人々の絵とは思われなかった。

技法からみてもラスコーの動物画を描いた人達より優るとも劣らぬ作品であった。このような秀でた芸術家達の存在に、調査隊は信じられなかったようである。とりわけライオンが野牛を狩る光景を描いた絵は、的確な描写力と鋭い観察力の秀作である。古代の人々の芸術的才能は彫刻よりも絵画に発揮された。

ショーヴェ洞窟の壁画と同時代で、少なくともラスコーの洞窟画よりも古いとみなされる時代の壁画も幾つか発見されている。フランス北部や北西部の洞窟の壁に描かれた絵である。やはり動物のみが描かれているが、マンモスなどの絵は単純な線で描かれていたり、稚拙と思える絵が多い。すべての古代の人々が優れた画家でなく、丹念な製作や迫真の写実ができる人々は限られていたのであろう。

しかし優秀であれ幼稚な絵であれ、洞窟内に描かれた絵は保存がよく、そのため洞窟の周辺に生息していた動物を知ることができる。フランスのドルドーニュ県にあるポワソン洞窟の壁には長さ二メートルの巨大な鮭が描かれている。この洞窟は二万五〇〇〇年前から二万年前のものと推定されているが、当時も近隣の川には鮭が遡上していて重要なタンパク源になっていたのであろう。

ラスコーの洞窟画より後の時代も、人々は洞窟の壁に絵を描き続けてきた。多くの壁画から約一万五〇〇〇年前以降は題材が変化して、動物の描写だけでなく人間が描かれるようになった。それゆえ我々は当時の人々の生活を知ることができるようになった。

例えば、スペインのカステリョン県にあるクェバ・デ・ロス・カバリョスの岩絵は〝鹿狩り〟とよばれている。大小一〇頭の鹿が頭を左に向けて描かれ、これを迎え撃つかのように弓を構えた四人の人物が描かれている。ノールウェーのフィヨルドに近いマルタ地方の岩壁に描かれた絵は新石器時代のものであるが、長い槍か棒を持った人物と弓を持った射手が描かれている。これに対して熊とトナカイが描かれている。この絵は一九七三年に発見され〝熊狩りの図〟とよばれている。

ヨーロッパだけでなくレバント地方やアフリカでも後期旧石器時代の末期から新石器時代

の初めにかけての岩絵も数多くみられる。洞窟内の壁画より風化が激しいものの明瞭に残っている絵画も少なくない。この時期の絵画の特徴について、「人間が自らの姿を描き、自らが演者となって舞台に登ったということは、人々の思考の対象が動物から人間に移ったことを意味し、それは空間意識の発達にとってきわめて重要な意味を担うのである」(『大系 世界の美術 第1巻 先史 アフリカ・オセアニア美術』)という。狩猟の絵は当時の人々の日常生活の一齣であるが、人間を描くようになったのは意識の変化がもたらしたものという指摘である。

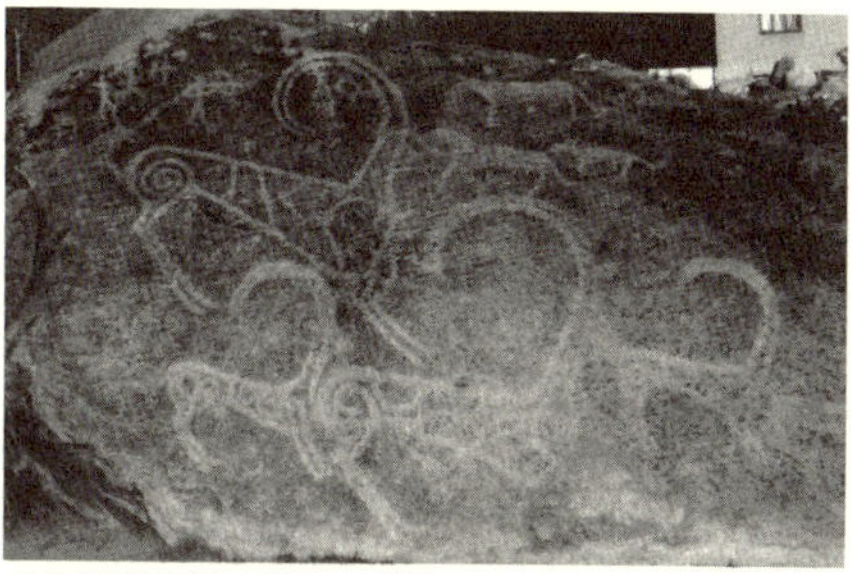
先住民族が岩に描いた動物 キルギス(年代不明)

先史時代の絵画ではなはだ興味深いのは、意図的に手形が残されていることである。

前述のショーヴェ洞窟の壁画のなかにも、犀を描いた絵の臀部のすぐ横に五個の手形がある。赤褐色の塗料を掌一杯に付けて、岩壁に押し付けたものである。芸術家達が自分達が描いたことを誇示するものか、少なくともサイン代わりに自分の掌の形を残したのであろう。やはり優れた絵を描けるのは特別な才能の持ち主であったのかもしれない。自分達の掌を残すという発想は、自覚の高まりの証拠であろう。

ところが手形については別の製作法がある。ショーヴェ洞窟とほぼ同時代のスペインのエル・カスティリョの洞窟の壁に記された手形やフランスのロット県にあるペシュメルル洞窟の二頭の馬の絵のすぐ上に記されている手形は全部で六個あるが、描き方が異なっている。「石に押しあてた手の周囲に顔料を吹きかけて描いたもの」(『人類20万年 遙かなる旅路』)であった。再現した方法によると、壁に押しあてた手の上に口に含んだ顔料を吹き付ける製作法であった。こうすると顔料のかからない手が白く浮き出てみえる。三万年ほど前の人類はこのようにして作品のサイン代わりに手形を遺していた。

白抜きの手形はその後も長く続けられている。二万二〇〇〇年前頃のフランスのブーシュ・デュ・ローヌ県のコスケ洞窟やオート・ピレネー県のガルガス洞窟の壁画にもみられる。さらに、この洞窟から一〇〇マイルほど離れた洞窟の動物の絵の傍らにも白抜きの手形がある。この時代の壁画に添えられた手形はすべて白抜きであるが、時代や場所が異なっているので、偶然の一致であり、人間の発想が同じである証拠といえる。約二万二〇〇〇年前かと推定されるスペインのカンタブリア県にあるフェンテ・デル・サリン洞窟には、壁に動物の絵が描かれているが、同時に全部で一四個の白抜き手形がある。たいていは左手であるが、なかには小さい子供の手がある。手形を残したのは芸術家達だけではなかったが、芸術家は家族で一緒に住み、子供はその家族の一員であった可能性が大きい。

岩に描かれた大人と子供の手形（約1万年前、『ケイブ・アート』）

ヨーロッパ以外の洞窟の壁画にも白抜きの手形がある。オーストラリアのミッチェルファールの洞窟画も一万年以上前か少なくとも数千年前であることは確実である。この壁に動物達や衣服を着けた人物の絵と共に、二個の右手と左手らしい手形が描かれている。インドネシアのボルネオ島にあるグァ・テヘヴェト洞窟の壁にも白抜きの手形が描かれている。一万年ほど前のアルゼンチンのパタゴニア県にあるピンタラス洞窟は、壁に動物と人間が組み重なったような幾何学模様が描かれているので有名である。ここには八〇〇個以上の手形がある。芸術家の手形でなく付近の住民の祭礼を示しているような数である。

手形を残したことについて考古学者達は幾つかの見解を述べている。なかには超自然な力を摑み取ろうとした、と解釈する特異な想像もある。おそらく当時の人々も、ここに生きているというメッセージを発していたのであろう。

優れた絵画を遺す芸術性や手形を残す自己主張も遊びを生みだすための必要な素地と考えられる。

五　神の創造

我々の祖先はいつの頃からか、たぶん非常に早い段階から自然の脅威を認識していたのであろう。洪水や台風、地震や火山、旱魃や長雨などの天変地異に遭遇してきた。長い間にわたって体験し続けた結果、人間を遥かに超える力が自然を動かしていると感じるようになったのであろう。得体の知れない巨大な力が自然を変えていると思ったのであろう。

このような力の存在は自然を動かすので、おそらく自然のなかに宿っていると考えたのであろう。それでいつの頃からか猛威をふるって祟《たた》りをもたらす自然を崇《あが》め敬うようになった。目にみえる山や川が巨大な力の住み家と考えられた。

頭脳が十分に大きくなり、言語を駆使して抽象的な概念までも操作でき、これを他人に伝えることができるようになった時代、すなわち現生人類が現われた時代に、巨大な力が宿っている場所として「聖なる山」「聖なる川」という考えに辿りついたのだろう。

この考えは口承によって代々子孫に伝えられたに違いない。世界中に残されている神話のなかに「聖なる山」「聖なる川」「天と地を貫く巨木」など自然崇拝が語られているのはこの証《あかし》であろう。

神の像か？（新石器時代、キプロス考古学博物館蔵）

我々の祖先が敬い、恐れ、崇めた超自然の力をどのように表現しているのか、名称や単語について世界中の各地を言語学者や考古学者が調査している。収集された言葉にほぼ共通しているのは「祖先の霊」「精霊」「祖先」「神」などか、それを示唆する内容であった。

仮にこの力を「神」とよんだにしても、人類はいつ頃から「神」を創り出したのか不明である。一つの有力な見解として一〇万年前から三万年前の間に「人間は複雑な道具を考え出したり芸術も創造した。宗教的なイデオロギーを抱いたりすることができるようになった」（『心の先史時代』）というのがある。現生人類が神を創り出すことが可能になった時期である。もう少し時代を限定するならば、「文化が爆発的に開花する。それは六万年前から三万年前」（前同書）としている。それでもなお数万年というかなり漠然とした期間であるが、人類の発展の時期として当然かもしれない。

別の視点から後期石器時代の人々の「神」の創造を考えた研究者もいる。当時の人々は子孫を増やす出産を支配するなんらかの力があると認識していたという。第三節で〝ヴィーナス〟像に言及したが、出産を支配する力を「神」または「女神」と考え、このシンボルとして「女性の性器や出産の姿勢を描くことによって示した」（マリア・ギムブタス『女神の言葉』）。具体例として、三万年前のフランスのアブリ・ブランチャード洞窟の壁に描かれた多数の女性器の絵や同時代のフランス（L・エイジル遺跡か?）で発見された性器を強調した高さ五・八センチの女性像がある。二万三〇〇〇年前から二万一〇〇〇年前のドイツのヴァインベルク洞窟で発見された高さ二二・九センチの女性像も性器を大きく刻んでいる。これらは出産を司《つかさど》る女神への崇敬のためと考えられている。M・ギムブタスは丹念に女神像を調査して、時代が下がった一万年ほど前にもヨーロッパやアナトリア地方で同様の女神像が作られていたことを報告している。

他方、人類は遥か以前から仲間の死を見聞して、死を避けることのできない運命として認識していたようである。「四〇万年前から三五万年前にアタプエルカ山地に住みついた人類の精神に、すでにこの意識があったことはたしかである」(『ネアンデルタール人の首飾り』)と指摘する研究者もいる。

しかし、死者を埋葬する儀式はかなり後になってから始まったようである。現生人類がアフリカから出たごく初期の一〇万年前から八万年前とされる時代に、レバント地方のカフゼー洞窟では「鹿の骨格と角を伴った子供の人骨が見つかっている」(『心の先史時代』)。ネアンデルタール人のように遺体を積み上げておく方式から埋葬に変化したのであろう。同時代の「スフールの洞窟における墓穴では、(遺体は)仰向けに寝かされ、手に野生の猪の顎をもった人骨がでている」(前同書)。明らかに埋葬がおこなわれていたとみなされる。

動物の骨と一緒に葬られていることは、当時の人々の、自分達は特別な動物の子孫だ、という考えを反映しているようである。動物の持つ超人的な能力を崇め、神と同一視したり自分達の祖先は特定の動物だという思考である。一例を挙げると、シベリアのニヴフ族は、「人間は毛皮を脱いだ熊に他ならず、反対に熊は毛皮を着た人間であると信じていた。ベリドイ、アフタンの両氏族のナナイ（シベリア東部のツングース系民族）たちは自分たちの祖先を虎に求め、サアルイやサマギルイのナナイは鳶《とび》に求めている」（A・チャダーエヴァ／斎藤君子訳『シベリア民族玩具の謎』）。

イヌイットにとって野生動物達は「人間ではない人物」である。動物の本来の姿である「魂」は人間と同じ姿形をしており、同じ種の間で、人間と同じような社会生活を営んでいるとされる（国立民族学博物館編『自然のこえ 命のかたち――カナダ先住民の生みだす美』）。また、ある特定の動物を祖先とする伝承は他にも多いが、第四章の「動物玩具」の節で詳述する。しかし前述のライオンの頭を持った人物像は、ライオンを祖先と考えるグループのなかで、祖先と交流でき、祖先の意を伝えることのできるシャーマンを表現しているとするならば、そのような観点を肯定でき、祖先崇拝の宗教的な信仰が芽生えていたことも承認できる。

いずれにせよ、死者を葬る儀式はその後も続けられた。時代が下がるにしたがって盛大になり、死者に装飾品を着けるようになった。「およそ二万七〇〇〇年前に（シベリアの）ガウアにあるパヴィランド洞窟で、ひとりの男性が埋葬されたが、その墓にはオーカーと象牙の棒も一緒に埋められた」（前同書）。

これ以後もたくさんの埋葬例があるが、死者の霊を弔い慰める感情の表われであったのだろう。死者につながる祖先を敬い崇める気持ちは信仰として定着していたのかもしれない。あるいは祖先を神と同様に聖なるものとして尊ぶ感情の表われなのであろうか。

数多くの神話は、神が人間を創ったという伝承が多い。実際には現生人類が賢いがゆえに自然現象や出産、祖先崇拝のなかから神を創造したとみるべきであろう。

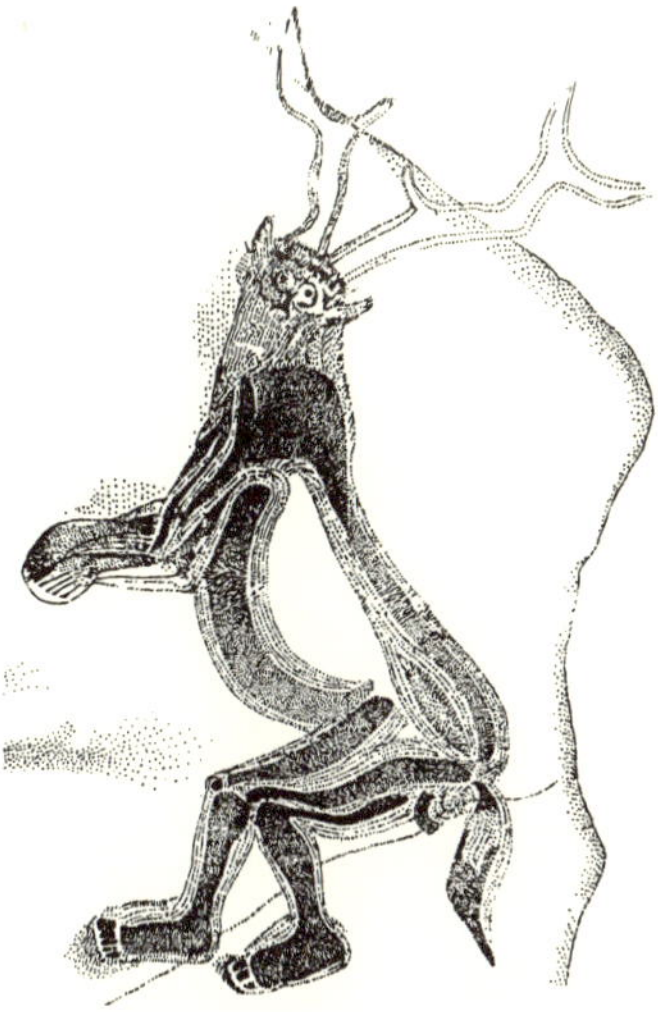
フランスのドルドーニュの岩に描かれた鹿の頭の人間（紀元前1万3000-前1万2000年頃、『女神の言葉』）

しかし、神の創造については多くの見解がある。たとえ神を崇拝する感情があったにしても、具体的に神を表現するのは比較的新しく一万数千年前になってからである。神を創り出したのは数万年前という古い時代でなく、一万数千年前であり、数万年前という古い時代の神は、一万数千年前に新しい時代の神にとって代わられたなどの見解である。なぜ神の創造または出現の時代に注目するのかというと、次節に述べる遊びへの接近と関わっているからである。

一つの見解を紹介すると、後期旧石器時代から新石器時代の初期にかけての人類は、芸術作品から宗教か宗教精神を持っていたと考えられ、農耕生活を営む遥か以前からという前提であるが、狩猟採集の生活から農業牧畜の生活へ転換する時期に「神」が創られたというものである。「農業と牧畜を開始するためには、人間に不安が取り憑かれねばならず、その不安の象徴として神々が出現した」(アンリ・ド・サン゠ブランカ/大谷尚文訳『人類の記憶——先史時代の人間像』)。

一般に、人類は狩猟生活から農業生活に移行することによって経済的に発展したとされている。しかし初期の農業は決して楽な暮らしでなかったことは多くの考古学者が説明している。狩猟採集民に比べて農業生活者が健康面で著しく劣っていて、平均寿命も短かったことを指摘するだけで十分であろう。

農業生産は従来以上に気候に注意しなければならなかった。冷害や旱魃は餓死と結びついた。狩猟生活からの著しい環境の変化は、常に不安であった。この不安を解消し、何かにすがる気持ちやたよる感情が神を生み出したという。農業生産の開始の時期についても多くの考古学者達は論文を発表している。最終の氷河期が終わった一万三〇〇〇年前頃からという見解やレバント地方では一万四〇〇〇年前から定住が始まったなどで、「初期の農業共同体はトルコとシリア北部でおよそ一万一六〇〇年前から一万五〇〇〇年前までの間に確立された」（『人類20万年　遥かなる旅路』）という意見や「ヨルダン川西岸の紀元前八〇〇〇年頃のイェリン遺跡は、人々が農業生産を始めて定住するようになった場所の一つである」（イアン・モリス／北川知子訳『人類5万年　文明の興亡』）という観点もある。このような変革期に神が考え出されたというのが有力な見解である。

最近注目されているのはトルコ南東部のギョベクリ・テペ遺跡である。一万二〇〇〇年前の五個の石柱サークルが発見されている。各々の石柱は約二メートルで、数十本で一つのサークルになる。それぞれにライオンなどの様々な動物や鳥、蛇などの浮彫りがされている。「各々の動物は、集まった人達のそれぞれの

スペインのロス・ミラレスの墓に描かれた、昆虫か鳥の頭をした人間（紀元前3000年頃、『女神の言葉』）

氏族（の祖先）を表わすものであろう」（クラウス・シュミット『彼らが最初の神殿を建てた』）。従来まで想像もされなかった旧石器時代後期の狩猟民の、多くの氏族が協力して巨大なストーン・サークルを築いた遺跡である。一つの目的で少なくとも一〇ほどの氏族達が協力、協同して同じ作業をした前例がなかった。そのうえ狩猟民は巨大な石柱群を造る能力や分業して石工を持つ社会組織ではないと考えられていたので驚愕すべき遺跡である。

ここではストーン・サークルだけでなく、遺跡から多数の石器、動物像、勃起したペニスのある男性像も発見されている。この像について「彼（発掘責任者クラウス・シュミット）は歴史上初めて描かれた神なのです」（『人類20万年 遙かなる旅路』）と説明したと述べられている。

狩猟生活から農耕生活への転換で、人類は新しい環境に適応しなければならなかった。耕作、種蒔き、生育、収穫などこれまでに経験したことのない状況に遭遇した。賢明な我々の祖先は大地から作物を収穫できるのは、大地が人智を超えた特別な力を持っているからと認識した。狩猟生活の時代には体験したことのない「新しい神」の創造であった。食糧の生産と牧畜は多様な不安を生じ、これを解決し、すがるための複数の神々も創られた。一万数千年前から一万年前ほどの間に神が生まれる社会的環境が整っていた。

しかし、もし一万数千年前に神が創られたとするならば、数万年前には神は誕生しなかったのか。それとも数万年前のいわば「古い神」は一万数千年前の「新しい神」にとって代わられたのだろうか。あるいは「古い神」から分岐して、不安や畏怖の対象の数だけそれに応じて「新しい神」が生まれたのであろうか。農耕生活が始まると、生きる知恵や技術を与えてくれた祖先も「神」として信仰されるようになったのか。「古い神」のうえに重なって「新しい神」が生まれ、神は常に一貫して新旧と区別するものではないのか。これらの多くの疑問や設問に様々な見解があるものの未だ統一した見解は定まっていないようである。

農耕生産が始まるとそれに応じた神々が創られたが、豊作も凶作もすべて神のせいと考えられるようになった。神は大地を支配しているか大地そのものだったからである。神は異常気象で人間を苦しめるだけでなく、太陽の恵みと降雨によって植物を育て人々を生かすこともできた。人々は神を崇い怖れるだけでなく、神に愛され恩寵を受けようとした。人間の積極性の表われである。「人間は、気候変動の犠

豊穣を表わす女神像か？（紀元前2000年前半、ベルリン中近東博物館蔵）

モヘンジョ・ダロから発掘された面および人物像

牲者に甘んじていなかった。逆境を乗り越えるために工夫を凝らし、神や祖先の助けを求めている。助けてくれる神や祖先が本当に存在していたとは思えないものの、儀式はおそらくある種の社会的接着剤として役立ったのだろう」（『人類5万年 文明の興亡』）。鋭い指摘である。人々は「工夫を凝らした」。このなかには、神の意志を予知しようとする試みも含まれていた。次節はこの試みについて述べてみたい。

六　神託と卜占

神はしばしば不順な天候で人々を苦しめたが、時には豊作をもたらした。人々は神に感謝し、神を喜ばすために踊りや音楽を奉納し、犠牲を捧げた。またある時には凶作を企てる神の怒りを宥《なだ》めるための儀礼をおこなった。儀式は次第に大規模になった。

他方、少しでも早く神の意図を知り災害の被害を防ごうとしたり、より多くの恵みを得たいと人々は望むようになった。まず最初は自然現象に注目した。「大気の現象、雨、風、電光は（神の意志の）前兆だと解釈された」（カート・セリグマン／平田寛訳『魔法——その歴史と正体』）。それだけでなく、動物の動きも自然の一部なので、神の意志が示される前兆と受け止められた。「鳥の飛行にみられる曲線、イヌの鳴き声、雲のかたちなどは、統一と調和の源である全能の調整者の神秘的な表示である」（前同書）。これはアフリカでの伝承であるが、インドネシアでも、「鳥がしばしば（神の意志の）前兆をあらわすものと考えられる。空から急降下して彼等（インドネシア住民）の小舟の周囲を叫び廻る鷹の奇妙な動作を尊敬し、前兆として解釈する」（勝谷透『南方未開社会の文化』）。

鳥占いが古くからおこなわれていたことは、古代ギリシアの紀元前九世紀頃の叙事詩にも記されている。観察する鳥は「鳥類中でもその力が最上という鳥の右手に——つまりは貴方《あなた》が、御自身の目でその象《きざし》を視《み》て」（ホメーロス／呉茂一訳『イーリアス』）とある。鳥が自分の右手方向を飛ぶことにある意味が隠されているという。

鳥の飛行が「神のお告げ」を示すにしてもそうでない場合もあり、当然ながら吉兆だけでなく凶兆もあった。それで考えだされたのは、鳥は「本来の吉兆と、つねに凶兆となる種類の鳥があったからである。しかし、見る人によって、場合によって、吉凶いずれにもなる種類もある」（ロベール・フラスリエール／戸張智雄訳『ギリシアの神託』）というまことに都合のよい解釈もなされた。

いうまでもなく、神の啓示の前兆は鳥だけではなかった。動物の超人的な能力も神格化されたと前述したが、動物の通常でない行動、吠え声などもなんらかの神の啓示とされた。また動物の動作という外観の観察だけでなく神が動物の体内に宿っているという発想から、動物の内臓とりわけ肝臓を解剖することで神意のサインを読み取ろうとした。この試みは長く続けられメソポタミアに伝えられた。

多くの動物が神と同等に扱われ、これらの動作が崇拝されたことも後々まで受け継がれた。ギリシア神話にしばしば登場する「ゼウスのわし、アポローンのおおかみ、アルテミスのくま、アテーナーのふくろうは、それぞれの動物そのものが信仰の対象となっていた太古の時代を思わせる」（前同書）。

その他にも様々な神の啓示の前兆が考え出された。予期せぬ時に出る「しゃっくり」や

「くしゃみ」もなんらかの神の警告とされた。これも古代ギリシアの文学に伝えられていて、戦闘を開始する直前の「しゃっくり」や「くしゃみ」で、攻撃を中止したことさえあったと述べられている。

夢の内容もしばしば「神のお告げ」と解釈された。「眠っている人の頭の中に神が入りこむと考えられていたのだ」（ミカエル・ローウェ、カルメン・ブラッカー／島田裕巳他訳『占いと神託』）。夢占いや夢による神の啓示は驚くほど長く続けられたことは周知の通りで、中世や近世に至っても「夢は正夢《まさゆめ》」として真実と信じられた。

東アジアで独自に考案されたのは、動物の肩の骨や亀の甲羅を焼いて、焼いた時にできる亀裂によって神の意志が奈辺にあるかを探る方法であった。どのような裂け目ができるかは予測することができず、神の為《な》せる業《わざ》と考えられたからである。

インドネシアの民俗を調査した報告によると、神の意志を知るきわめて簡単な方法も紹介されている。例えば狩りに出たグループがどの方向に進むか迷った時に「簡単な卜占は、一本の棒を落として進むべき方向を知ろうとするトレス海峡諸島の例を始めとして、蔓草を切る卜占によって盗賊を探すニューギニアの例など実におびただしい数にのぼる」（『南方未開社会の文化』）。棒を放り落として倒れた棒の指し示す方向が進路であるという。蔓草を切った時に垂れる方向に盗人がいるという啓示なのか、説明が不十分であるが大儀な儀式や祭礼をしなくても、神はどこにでも存在するという考えの表われであろう。アフリカのドゴン族の占術師は「宇宙を表わす（地面に描いた）碁盤目の上のネズミの足跡を読む」（日本文化人類学会編『文化人類学事典』）方法もおこなった。

くじ引きも偶然によるものであるゆえ、自分が選んだのではなく、神の意志によって自分の手が動いて、あるくじを引いたと考えられた。そのため、くじも神の啓示として長く伝えられ、古代ギリシアの文学でも「ギリシア軍の首領のだれがヘクトールの挑戦に応じるかをくじできめ」（『ギリシアの神託』）とあり、紀元前五世紀になっても、市場の監督官や役人を選ぶのにアテネではくじ引きで決めていた。それだけでなくもっと上級の役人もくじで決めていたことは、「行政官や司法官のくじ引のための壺が、たくさんアテーナイで発見されている」（前同書）ことから明らかだ。

通常のくじ引きとやや異なった方法を記しているのはギリシアの歴史家タキトゥスで、彼は著書『ゲルマーニア』（一世紀頃）で当時のゲルマン人の風習について次のように述べている。

籤を引く手順は一定であった。くるみの樹（よく実のついたもの）の枝を切り刻み、小片のおのおのに異ったしるしを刻み、白布の上にバラバラに放り投げる。公的な占いの場合は神官、私的な場合は一家の長が神々に祈りを捧げ、天を仰ぎながら木片を一個ずつ、計三個取り上げ、あらかじめ刻まれたしるしの意味を読みとる。

以上は『占いと神託』からの引用であるが、内容はタキトゥス／泉井久之助訳『ゲルマーニア』をはじめ他の訳文とも同じである。つまりこの場合のくじ引きは、壺や兜に入れた多数のくじのなかから一つを取り出す方式でなく、撒かれた木片を取り上げるので、むしろさいころかさいころようの物品を用いる占いに近い。

むろん通常のくじ引きの方法も広くおこなわれ、北欧では犠牲として神前に捧げる牛や人物を決めるのにくじ引きで決められ、バルト海沿岸のスラヴ民族は表裏を明らかにするため黒と白に塗った木片をくじ引きの際に用いている。アメリカ・インディアンが表裏に印を付けた木片を用いているのと同様である。

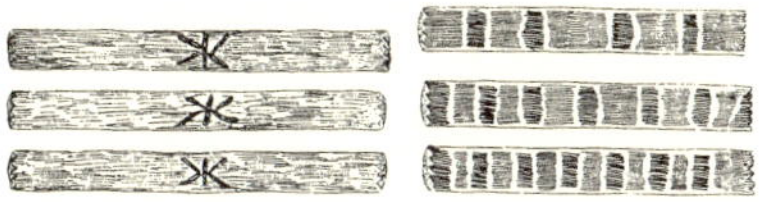
アリゾナのアパッチ・インディアンのくじに用いた木片

物品を抛り上げて落ちた場所でなんらかの判断をしたり、表裏を明確にして判定の材料にするのは、さいころと同じである。「アフリカでのきわめて普通の（占いの）仕方は、幾つかの事物を地上に投げて、それがどのように落ちるかを観察することにある。もし諸事物がすべて似たようなものならば——たとえば、子安貝の殻とか皮革の断片とか——質問に対する答えは、それらの事物がどのような方向を示すかに依存する」（L・メア／馬淵東一、喜多村正訳『妖術——紛争・疑惑・呪詛の世界』）。やや難解な訳であるが、要するに子安貝か一片の革を抛り投げて、落ちた向きで占うという方法である。表か裏かという向きをみるとも解釈できる。これは通常のさいころようの物品の使用法である。

インドの占いの儀式の一つは、物品の指し示す方向や表裏での判断ではない。神官か婆羅《ばら》門《もん》（最上流階級の者）が占いをおこなう方法は、「北に雄牛の皮をひろげ、そこに開封した真珠の容器を置き、それから手に五個の宝貝を持ち（それを抛り投げて）同時に落ちたら（自分の願いが叶えられて）自分の勝ち。宝貝がばらばらに落ちたら、願いが叶えられず神の勝ち」（H・リダス『古代インドにおけるさいころ遊び』）というものである。

この方法は真珠の入った容器の上で四回おこなわれるという。宝貝は子安貝ともいう。表裏がとても明確な貝なので、インドでは表か裏かのさいころの代わりに使われ、現在でも代表的な盤上遊戯のパチシには複数の宝貝がさいころとして用いられている。

インドの一部とチベットでは、さいころそのものが占いとして使われている。当地の人々には未来や占いを司る神ペルデン・ラモの存在が信じられている。この神に奉仕するショモーがさいころを振って占う。「ふつうは三つのサイコロが用いられ、それがさまざまに組合わされ三から十八までの十六種類の数が得られる（たとえば六—一—一、五—二—一、四—二—二、四—三—一、三—三—二など）。その数字は、人間が占いの助けを求める主な分野と結びついた見出しをつけて編集された手引きにしたがって解釈される」（『占いと神託』）。例えばあるさ

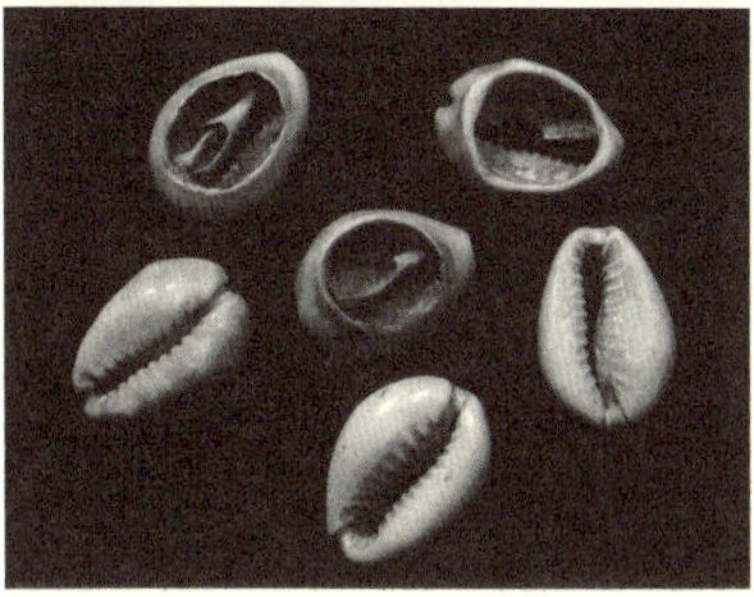

上：パチシ用の宝貝のさいころ　下：貨幣として使われた宝貝　インド（『文化的価値のある遊び』）

いころの目が出た時は「病気が癒《なお》る」とか「旅人は近いうちに帰ってくる」などの神のお告げという。

神の啓示を受けるという試みは、さいころかさいころようのものを使うことによって遊びの一歩手前までのところにきた。自分と神とどちらが勝つかを決めるという相手との勝負になったり、さいころの目の出方で、広い意味での利益を得られるかどうかの判定も遊びと相似形である。神の意志を知ろうとする所作は遊びに直結している。しかし遊びじたいは広大で、別の形からも遊びに接近できる。

第二章　身体能力の競い

一　無為の遊び

二〇〇八年にイギリスの放送協会ＢＢＣが企画した〝太古の人類の足跡をたどる旅〟の番組があった。各地を巡る撮影に同行し解説したのがアリス・ロバーツ博士である。前章でも彼女の著書からしばしば引用したが、彼女は医師でバーミンガム大学の教授で、古生物学にも詳しいので最適任者とされた。

彼女がアフリカ南部のナミビア共和国のンホマを訪れたのは、定住するようになったブッシュマンの村落であった。彼らはまだ完全に定住したとはいえない状態であった。元来が狩猟民なので、現在も毒矢を使って森で狩りをしている。ロバーツ教授は実際にみたブッシュマンの子供達の遊びを次のように述べている。

集落のはずれで数人の少年が遊んでいた。滑走路に持ってきていたあの棒を、草で覆われた小山めがけて投げている。棒は小山でバウンドして矢のように飛んでいった。見たところ特別な目的はなさそうで、点数を記録する子もいなければ、勝ち負けもなさそうだった。テオはこれがブッシュマンの流儀なのだと言った。（アリス・ロバーツ／野中香方子訳『人類20万年 遙かなる旅路』）

少し説明すると、彼女達一行は首都ウィントフックから小型機でンホマの「埃っぽい地面が伸びているだけ」の滑走路に降り立った。その時に子供達が一斉に群がって走り寄った。各々が叢を分けて進むためか蠍《さそり》を避けるためなのか、長い棒を持っていた。その棒を子供達は遊び道具として使って、小山めがけて交代で投げていたのである。拾ってきては投げ、投げてはまた拾いという動作を繰り返していたのだろう。テオは随行していた通訳兼案内人である。

注目したいのは「点数を記録」されることもなく、「勝ち負け」もない遊びだったことである。

我々が〝遊び〟という場合は、なんらかの競《きそ》い合い、争い、優劣をつけたり勝ち負けを決め、誰が優勝するかに関心を持つ。知らず知らずのうちに〝遊び〟は勝敗の決まるものという先入観を抱くようになっていた。

ところが、もと狩猟採集民のブッシュマンは、定住した今でも森で獲った獲物は集落全体で平等に分け合う習慣を保持している。この生きざまは〝遊び〟にも表われているのだろう。人間どうしが争うのではなく、我々がみると無駄で「目的のない遊び」を楽しんでいる。ただ時を過ごすだけのようにみえる「棒投げ」も彼らにふさわしい遊びであった。案内人が「これぞブッシュマン流」と述べたのは、彼らの生活感覚からくる遊びを説明したかったのであろう。

遊びの起源を考える場合に、先入観なしに遊びをみる必要があり、そうすればより広い視野で遊びが観察されるであろう。

目的のない、競わない遊びはブッシュマンの子供達だけではなかった。アフリカ中央部のカメルーン共和国東部の小さな村でもみることができる。ここもかつての狩猟採集民であったピグミー系のバカ族の集落である。ここの子供達の遊びを詳しく観察したのが亀井伸孝氏である。

京都大学のアジア・アフリカ地域研究科がカメルーンに調査拠点を置いていたので可能になったといえる。亀井氏は子供達と共に遊び、生態を研究した。長文の報告から特に興味深い部分のみを抽出すると、「バカの子どもたちの遊びのルールに見られる特徴として、「競争性」が乏しいことが挙げられる。サッカーなどの外部からもたらされたスポーツ類を除けば、競争的なルールに従って行われるゲームを見ることはない」（亀井伸孝『森の小さな〈ハンター〉たち――狩猟採集民の子どもの民族誌』以下同）。

競争的なルールはないという。競わない、勝ち負けのない遊びである。

競争しない遊びの例は多数挙げられているが、子供達はパパイヤの実を転がして棒で突いて遊んでいる。うまく突けると皆で騒いで跳びはねる。誰がうまく当てるかの比較や当てた回数は数えないという。子供達は猿や鳥の真似をしてふざけ合ったり、蛇の死骸をぶら下げてねり歩いたり、棒か槍をかついで集団で歩き廻るなど、そのこと自体を楽しんでいる。子供達は毎日、「狩りと称して集団で出かけるが、実用性は限りなく低く、遊戯性がきわめて高い。遊びと生業活動の中間に位置する活動群に、子どもたちが多くの時間を費やしている」。年齢の異なる子供達が「狩り」に行くことで年長の者から様々な方法を学び、それが「遊び」でもある。

子供達が「魚釣り」をする小川でも、魚を獲ったことはない。泥をこねたり、水浴びをしたり、はいているパンツを脱いで川に流してみたりする。持っていった釣り竿も流れに放り込んでは、それを拾いに行くという遊びのほうが主体である。

川を堰《せ》き止めて、大人も子供も手づかみで魚や蟹を獲る「かいだし漁」もここの部落の行事である。しかし誰が何匹捕えたか競争することはない。亀井氏の説明によると、魚などを発見する面白さ〈運〉と獲物に対して摑まえるか逃がすかの魚との〈競争〉に遊戯性がみられるという。「ただし、ここでの〈競争〉とは、狩猟と同様、逃げる魚と捕り手の技能の間の関係であり、捕る人どうしで成果を競い合うことはない。実際、捕れた魚はみな同じひとつの共同の鍋に入れてしまう」(傍点増川)。

魚を獲るという生産活動と遊びとが結びついた例は、各地で人類学者が観察している。少年達や少女達が川のなかで大半をおしゃべりや水の掛け合いで過ごしている。魚を獲っても成果を自慢し合うことはないという。

人と人とが競わない〝遊び〟の実例は他にもある。おそらく〝遊び〟の最も根源的な姿は、目的もなくただ無為に身体を動かすというのだったのであろう。

亀井氏の調査は、バカ族の子供の遊びを厳密に分類すると八七種二六九事例としている。現在の都会の子供達より遥かに豊富である。バカ族の子供の遊びの分類は、

（一）生業活動に関する遊び。わなを作る、投石など一五種六四例。
（二）歌・踊り・音に関わる遊び。精霊ごっこ、草笛など一三種六五例。
（三）身体とその動きを楽しむ遊び。とっくみあい、尻たたき合いなど一五種二三例。
（四）衣食住・家事・道具に関わる遊び。調理ごっこ、髪飾りなど二〇種三六例。
（五）近代的事物に関する遊び。モトゥカ（板に乗って坂をすべり下りる）、運転ごっこなど九種二九例。
（六）ルールの確立したゲーム。マセエ（地面に描いたマス目を進んでいくゲーム）、ソンゴ（木の実を用いたすごろくに似たゲーム）など三種二六例。
（七）その他。猿の真似、ブランコなど一二種二六例。

である。

近代的事物というのは、バカ族の両親は狩猟採集に適していない雨期には定住地に居ることが多く、その間に子供達はカソリックの修道女が運営している学校に通うこともある。ここでサッカーなどボールを使った遊びを教わる。また学校では自動車をみることもあるので、完全に「文明から隔絶された生活でない」といえるという。ただ注目したいのは、勝ち負けや得点、競争などはいわば外部から持ち込まれた「近代的事物」だけで、本来の子供達の遊びは無競争、無為の遊びである。

観察者は最も原始的な遊びを特に意識せず、あるいはそういう問題意識もなく報告している例が多い。

例えば、ブッシュマンについて「子どもたちは多彩な遊びを楽しむ。鳥の羽根に植物の実を括りつけ細い棒で空高く打ちあげ、回転しながら落ちてくるのをまた打ちあげる。砂を盛り上げ弾性のある棒をぶつけて遠くへとばす。皮のロープを枝に括りつけブランコをする」（菅原和孝「仕事と遊び・余暇」国立民族学博物館編『世界民族百科事典』）。これらの遊びは、点を取る競争や勝ち負けを決める競技ではなかったのであろう。

アフリカのチュニジア南部では「獅子（シード）やらくだ（ジャマル）に扮して騒音を出して遊ぶ……大きな人形をつくり色とりどりの衣裳もまとわせ、それを持って練り歩くという慣行のみられる地方もある」（鷹木恵子「チュニジア」『民族遊戯大事典』）。これも「競わない遊び」だったのだろう。

アフリカだけでなく別の土地での狩猟採集民の調査報告もある。半世紀も前であるが、ブラジル・インディオのナンビクワラ族の報告である。

彼らに同行した記録では、「ナンビクワラ族の子供たちは遊びを知らない。ときどき彼らは、藁《わら》を巻いたり編んだりして何か作るが、それ以外の遊びといえば、仲間同士で取っ組み合いをしたり、ふざけたりするだけで、あとは大人を真似たような日々を過している」（レヴィ＝ストロース／川田順造訳『悲しき熱帯Ⅱ』）。

この集団は前述のアフリカのバカ族よりもっと苛酷な環境下に暮らしている。大人も子供も全裸であり、獲物を求めて移動している。人々は食糧を得るために多くの時間を費やし、子供達も小動物を獲ったり木の実を集めねばならない。たしかに子供達の遊びの時間は短いようである。しかし遊びを「知らない」のでなく、ヨーロッパ人の視点から「競争していない」ので、遊びと認識しなかったのであろう。

実際に子供達は猿や鶏の動作や鳴き声を真似して遊んでいたようである。ナンビクワラ族は家畜として犬、猿、鸚鵡《おうむ》、豚、山猫、洗熊や鶏をはじめ様々な鳥を飼っている。移動の時には動物や鳥も一緒に連れて行く。「家畜は子供たちと非常に親密な関係で生活しており、子供たちと同じように取り扱われている。家畜は食事に加わり、人間と同じような愛情や心遣いの証《しるし》――虱取りや、ふざけっこや、お喋りや、愛撫など――を受ける」（前同書）。子供達は家畜と一緒に遊んでいた。しかし競い合い争い合う遊びは報告されていない。

狩猟採集民は、獲物とする動物も含めて自然界に対しては狩猟という競争関係にある。投げた槍が獲物にうまく命中した、放った矢が相手の急所に当たったなどの高揚感や達成感が〝遊び〟に連なるかもしれないと述べた。その頃の狩猟民の間では、人と人との競争関係はなく、収穫は平等に分けあっていた。互いに助け合い、協力協同の関係にあった。時を過ごすのに、競争しない、特別な目的もない「遊びとしか名付けようのない」行為をおこなっていた。それは疲労を癒し、明日への活力を生み出したに違いない。

本来、遊びは人間どうしの競争関係になかった。それがいつの時代からか人間どうしの競争になり、「自然ぬきの競争的遊びというものが成立した」（亀井伸孝「森に遊び森に学ぶ」『遊びの人類学ことはじめ』）。それが永く続いたために、かつての自然に対して競争した記憶は薄れ、人と人との競争が当然視されるようになったのだろう。

遊びの起源に関わる示唆は、今なお狩猟生活をしている人達の遊びから得られる。

競わない遊びは先史時代の特徴である。「狩猟・採集で得られた食料はあまり保存がきかず、その日その日を生きる以外にないので、集団の中での協力がどうしても必要であった」(若原正己『ヒトはなぜ争うのか――進化と遺伝子から考える』)。このような生活基盤から、集団で争う原因も理由もない社会環境から生まれたのが〝競わない遊び〟である。

二　走る。跳ぶ

アリス・ロバーツ教授は、およそ一八〇〇万年前頃に脚の長い人類が現われ、走る時に前傾姿勢が保《たも》てるように背筋が発達したという。また、脚を後ろに振り動かすために臀部の筋肉も大きくなったと指摘している。この時代から人類は速く走れるようになった。進化の過程で速く走る能力をつくりあげた、というべきであろう。

速く走ることは跳ぶことも可能にした。それに応じて他の上半身の筋肉も変化し、ものを摑み、遠くまで投げることができるようになった。このため人類は生きていくための狩猟や採集の活動がより活発になった。長い期間を経て、この能力は現生人類にも受け継がれた。

走ることは獲物を追うのに役立ち、危険から逃れるためにも必要であった。前節で遊びの萌芽は自然に対しての競争で、人と人との間は競争関係になかったと述べた。そのうえで時期は明示しなかったが、人と人との間にも競争関係が生じたと述べた。狩猟採集の生活は決して安定したものではなかったのであろう。獲物を得られず集団で餓死したこともあったに違いない。常時でないにしても食糧不足から互いに喰べ合ったこともあったのだろう。他の集団との食糧をめぐる争いもあったのは当然といえる。

そのような場合に、狩猟で鍛えた肉体が役立った。格闘技をふくむ身体的能力が必要であった。闘争に敗れた時には俊足が身を守った。

他の集団に対してだけでなく、属する集団のなかでも身体的能力を競《くら》べ合うことが自然発生的に生まれたのであろう。協同して狩りをする時に各々の仲間の能力は熟知されていたのかもしれないし、あるいは競走や跳躍を比べ合って互いにそれぞれの能力を認識したのかもしれない。

いずれにせよ、各々の身体的能力を比べ合う行動は長い間続けられたのであろう。走るにせよ跳ぶにせよ必死に競う熱意や集中、相手に競《せ》り勝つ優越感や充実感などは直接遊びに結びつくものであった。最も手近で何の用具もいらず、すぐさまどこででも可能な身体的能力の比べ合いは、きわめて古い遊びであったのだろう。

競走や跳躍はおこなわれていたであろうと推測できるのみで、具体的な証拠といえるものはずっと後の時代の、おそらく数万年後になってようやく痕跡をみつけることができるのは、古代エジプトである。

先王朝時代（紀元前三四〇〇—前二九五〇年）のナルメル王の時代の棍棒の頭部に三人の走者が描かれている。考古学者W・ヘルクは、競走で一番速い王子がファラオになる資格を得たと考えている。別の研究者は「ナルメル王（第一王朝）の儀礼用杖の頭部に、都（メンフィス）の境界線を示すと思われる三日月形に、3人の男がならび、競争している絵が描かれている」（A・D・トウニー、ステフェン・ヴェニヒ／滝口宏、伊藤順蔵訳『古代エジプトのスポーツ』）。このように述べて、競走は信仰儀礼でもあったと解釈している。

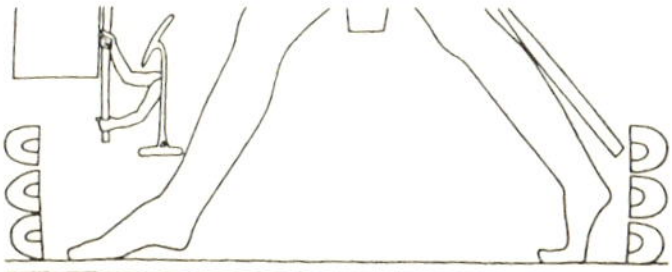
王のランニングの儀式　縦に並んだ3個の馬蹄形が王のランニングのしるし（『古代エジプトの遊びとスポーツ』）

この二〇〇〇年ほど後の壁画は、ジェセル王の信仰儀礼としてのランニングのレリーフである。「王は、難なく「競技場」のまわりを四周して、祭りの神殿に現われた。手には王権の象徴であるむちとメケと呼ばれるものを持っている」（前同書）。また、エジプト第一王朝（紀元前二九五〇―前二七〇〇年頃）のデン（ウディム）王が、セド祭（更新祭や更新の儀式ともいう）の記念式典の際にランニングをしている木板と印章が遺っている。これらについて、支配権を獲得したことを示威するランニングとする見解が多数である。

遊牧民のある部族は、古来からの慣習として新しい首長は部族の集落の周囲を走って支配権を示す風習があり、走ることと支配権とは関連があったとされている。

エジプト第三王朝（紀元前二六五四―前二五七八年）のジェセル王の時代に、サッカラにあるピラミッドの地続きの場所に、祭壇と共に走路が造られていたこと。王墓に走るジェセル王の浮彫りがあること。第五王朝（紀元前二四六三―前二三七八年）のネウセルラー王の記念祭の時に走る王の浮彫りなど、ファラオの走る姿は古代エジプトで幾つも残されている。サッカラにあるジェセル王の「走路」は南北に長く延びているが、北の折返し地点と南の折返し地点には巨大な半円形の目印が設置されていた。「これは明らかに、世界最古のスポーツ施設である」（ヴォルフガング・デッカー／津山拓也訳『古代エジプトの遊びとスポーツ』）。実際にこの走路を王が走ったのか、祭典で選ばれた走者が走ったのか記録は残されていない。

古代エジプトでは宗教行事と結びついてファラオの走る姿が伝えられ、ハトシェプスト女王の走る姿の浮彫りも残されている。この浮彫りには馬蹄形の三個の形が縦に並んで描かれているが、この印は他の王の走る浮彫りにも付けられているので、特別の意味を持つ印である。

走ることは王だけではなかった。一般の民衆の走る例として、第一八王朝の紀元前一三五五年頃の浮彫りがある。テル・エルアマルナの軍人マフの墓の壁画である。兵士達のランニングする群像が描かれている。腰布を着けただけの裸体であるが、兵士の訓練として長距離走などが採用されていたのであろう。

疾走するハトシェプスト女王　身体の左側の縦に並んだ3個の馬蹄形に注意（『古代エジプトのスポーツ』）

エジプトの祭典でいつ頃まで王が走っていたのか不明であるが、競走の催しは受け継がれた。後の第二二王朝（紀元前九五〇―前七三〇年）のオソルコン二世の時代の祝典の壁画に三名の走者が描かれている。競走は祝祭典の行事としてこの後も続けられた。

競走を整備したのは古代ギリシアである。オリンピアの祭典の際に規定も設けられ、競走は走者にも観衆にも人気のあるスポーツになった。これ以前にも競走は葬送儀礼のひとつとしてギリシアで盛大に催されていた。

紀元前八世紀頃の作とみなされるホメーロスの『イーリアス』には、葬送競技の時の競走が述べられている。出場者はオデュッセウス、ロクリスのアイアース、アンティロコスである。要約すると、

初めはアイアスが先頭におどり出たが、そのすぐ後にオデュッセウスが続いていたので、見物人は「もっと速く」と喚声を上げてオデュッセウスを応援した。アイアスはほぼ決勝点近くまでリードを奪っていたにもかかわらず、そこで不幸な災難に見舞われてしまった。彼は、犠牲を捧げたときからその場にあった雌牛のふんで足を滑らせてしまったのである。最終的に勝利をおさめたのはオデュッセウスだった（ベラ・オリボバ／阿

部生雄、髙橋幸一訳『古代のスポーツとゲーム』）。

三人が同時にスタートした競走だったことがわかる。誰が最速かを決める競走が重視されたことは、オリンピアの祭典で最初に採用された競技が競走であったことでも裏付けられる。ギリシア各地で競走が盛んであったことは壺絵として記録されている。

壺に描かれた競走　ギリシア（紀元前５世紀頃、『古代エジプトのスポーツ』）

ジョン・ボードマンの『アテネの黒絵の壺』には紀元前五世紀から同四世紀にかけての競走の壺絵が四点紹介されている。二つの把手の付いた壺アンフォラに描かれていて、腰に布をまいた他は裸の走者の一団、全裸の走者群が二点、兜と楯を持って走っている人達である。製作した工房名も判明している。最も素朴で単純な競走という遊びは、古代ギリシアで競技化したといえる。

競走に比べて跳躍の記録は乏しい。特異な例を残しているのはミノア文明である。

広く知られているのはクレタ島のクノッソス宮殿の壁画である。紀元前一五〇〇年頃の作とされているが、雄牛の跳び越し方が三段階に分けて描かれている。最初に跳び越すべき雄牛の角を摑み、次に雄牛の背中の上に頭を下に逆立ちするような姿勢が描かれ、最後に雄牛の後ろに跳び下りる。着地した時の姿勢なのか、両手を前に伸ばして直立している。

雄牛跳びの青銅像(『古代のスポーツとゲーム』)
同じ時代に同じクノッソス宮殿には、象牙製の跳躍している人物像も残されている。水泳の飛び込むような姿勢なので、雄牛を跳び越える時の角を摑んで足をはね上げた時の様子とされている。雄牛跳びが曲芸なのかスポーツなのか、宴席でのショーのようなものだったのか、諸説はあるものの決定的な見解は未定である。ただクレタ島では雄牛跳びは広くおこなわれたのか、これを描いた印章も残されている。最も古いものは紀元前二〇〇〇年頃とされている。粘土製の壺にも描かれていてクノッソス宮殿が造営される以前から雄牛跳びは催されていたのであろう。

跳躍または高跳びは古代エジプトではさほどおこなわれなかったようである。

第五王朝末期の高官プタハ・ホテプの墓の壁に跳躍の絵がある。二人の少年が向かい合って座り、両手を前に伸ばした上を別の少年が跳び越えている図である。この五〇年ほど後の第六王朝（紀元前二三二〇―前二一六〇年）の高官メレルカの墓の壁画も同様の構図である。「2人の少年が、互いに向い合って足を伸ばし、足の裏を接触させて坐っている。手の指を広げ、片方の五指を他の手の五指の上に重ねて立てている。競技者は、この障害を飛び越えなければならない」（『古代エジプトのスポーツ』）。

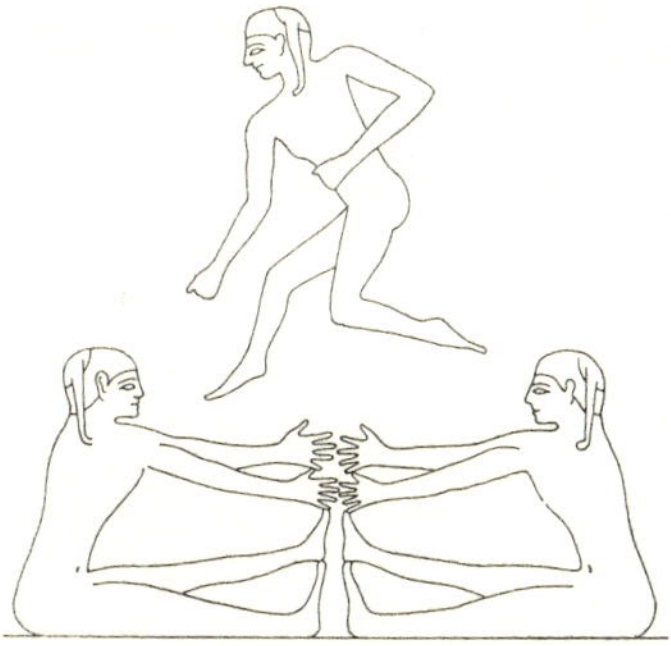

2人の上を跳躍する（『古代エジプトのスポーツ』）

第一一王朝（紀元前二一三三―前一九九一年）のベニ・ハサンの墓群は多数の壁画のあることで著名であるが、ここでは女性が立ったままで高跳びをする姿勢が描かれている。跳躍のような遊びはエジプトでは稀だったようで絵画資料もきわめて乏しい。ただ、跳躍や高跳びもはなはだ簡単な遊びであった。

跳躍も古代ギリシアの祭典で競技となり、純粋に脚力を比べるために、重量物を両手に持って幅跳びをするように決められた。競技として注目されるようになったのは、古代ギリシアからである。また、最も単純な競技である重量挙げも先史時代からおこなわれていたのであろうが、まったく証拠がない。これを競技として採用したのもギリシア人の知恵の表われである。

赤絵の壺に描かれた跳躍の練習図　両手に錘を持つのがギリシアの風習（紀元前6世紀、『古代のスポーツとゲーム』）

両手に錘を持って跳躍の訓練（紀元前6世紀頃、『古代ギリシアのスポーツとレクリエーション』）

三　投げる

おそらく人類が最も早く修得した狩猟技術は、石を投げることであったのだろう。人類はまだ二本足で立ったばかりで、よちよち歩きをしていた時代から、両手を使えるよ

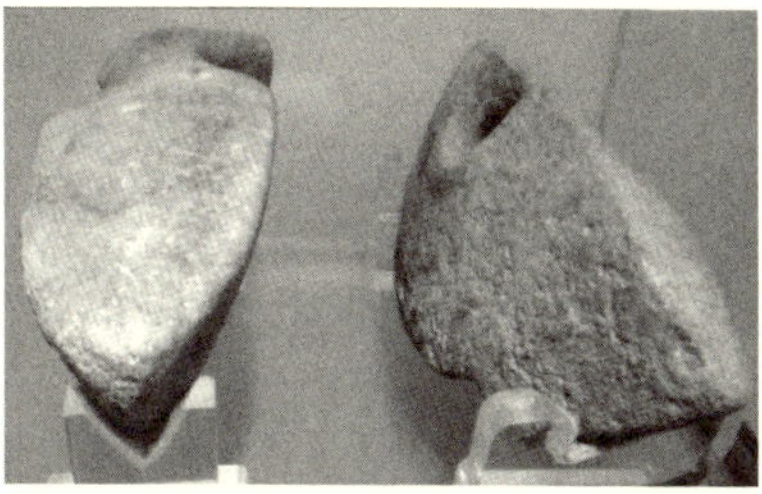
跳躍のために持った錘（アテネ考古学博物館蔵）

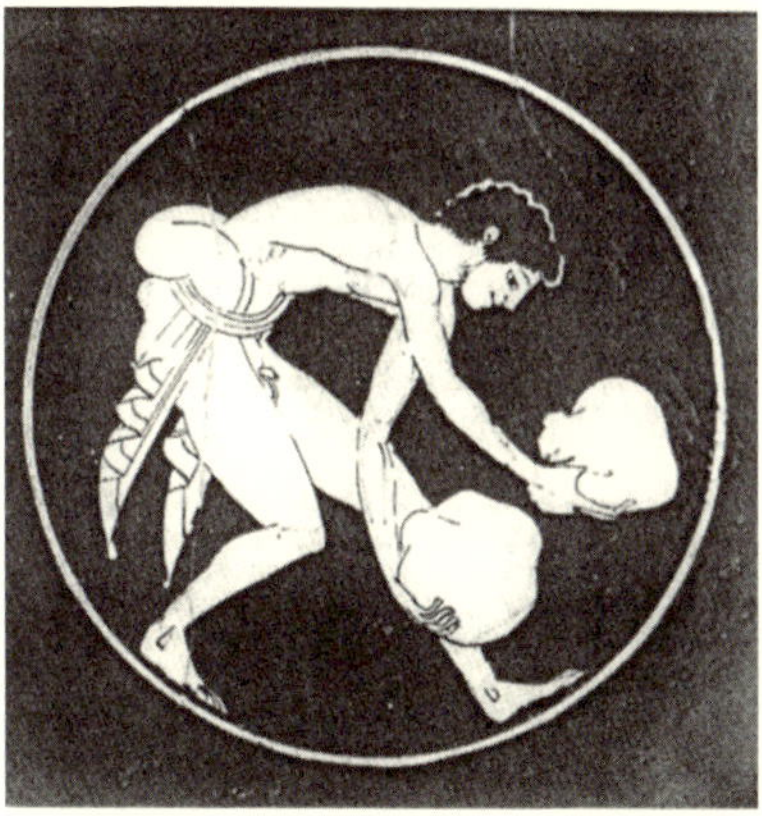
ギリシアの赤絵の壺に描かれた重量挙げの訓練（『古代ギリシアのスポーツとレクリエーション』）

うになって投石をはじめたのであろう。獣と闘い、相手を倒すためにも、身を守るためにも、小動物や鳥を捕えるためにも、ものを投げる必要に迫られた。長い年月をかけて繰り返すなかで投石は次第に習熟した。飛距離を伸ばすと共に、正確に目標に当てることができるようになった。

内外の研究者が指摘しているように、狩猟用として投げるのに最も適した石は、川の流れによって角が取れた丸い石であった。人々は河原で投擲用の石を拾い集めたのであろう。自然が狩りを手助けした。

数万年前からであろうか、人類は植物の蔓か革紐を利用して、石をより遠くまで飛ばせる方法を発見した。石を包んだ革紐を振り回してはずみをつけると、石を遠くまで投げることができた。うまく命中すると獲物に衝撃を与え、収穫量を増やすことが可能になった。獲物に当てるか、練習のために置いた目標に、手で投げるか投石具を使って競い合ったのかは不明である。ただ投石器を使って目的もなく石を飛ばした競わない無為の行為はおこなわれたのであろう。

投石具の考案より先か後か不明であるが、投げた木片が再び手許に返ってくるブーメランも考案された。小アジアのタウルス山脈の麓にあるチャタル・ヒュユクにある紀元前六〇〇〇年紀の住居跡の壁画では、「男たちは豹の皮のスカートや頭飾りをつけ、弓やブーメランを持っている」(『古代のスポーツとゲーム』)。ブーメランとよばれている投擲用具も長い狩猟体験から生まれたのであろう。

投げ槍は非常に古い時代から使われていたことは既に述べたが、今日でもタスマニアの人々はフトモモ科の木で槍を作っている。「石のかけらで先を尖らせ、樹皮をむき、火で槍をあぶる。歯でくわえ、両手を軸に当てて、真っすぐに矯正する」(カールトン・スティーヴンズ・クーン/平野温美、鳴島史之訳『世界の狩猟民』)。熟練した投げ手は長い槍の場合に六、七〇メートル、短い槍でも五〇メートル以上を投げることができるという。驚いたことに五五メートル先の的に確実に命中させたという。

槍が変化したのは銛《もり》であろう。槍がうまく獲物に突き刺さった場合でも、動物が逃走する時に抜け落ちることも多かったのであろう。人々の知恵は、突き刺さった槍が容易に抜けない銛を生み出した。

古代エジプトの銛の使用例として紀元前二二五〇年頃のサッカラにあるヴィジェル・メレ

銛を使った河馬狩り（『古代エジプトのスポーツ』）

ルカの墓の壁画に描かれている河馬狩りの絵で、パピルスの舟に乗って「召使いたちが銛で河馬に襲いかかり、傷を負わせ殺しそしてロープで水の中から引き上げる」（『古代エジプトのスポーツ』）がある。壁画は二面あって同じような構図であるが、銛を投げる人達や縄で河馬を水中から引き揚げる様子が描かれている。

銛はさらに工夫された。現在も狩猟生活を営んでいるフェゴ島のヤーガン族とアラカルフ族は、鯨の肋骨で鏃《やじり》を作り、それに長い革紐を付けている。銛を投げて命中した時に革紐によって弱った海豹《あざらし》を引き揚げたり、確実に銛による獲物を確保するように改良された。

投げることで猟をする一つで、きわめて熟練を要したのが「投げ棒による鳥うち」である。やや湾曲した棒を投げるもので、巧みな投げ棒は飛んでいる狙った鳥の喉に命中する。エジプトで古くからおこなわれていたことは、紀元前一四一〇年頃の西テーベにあるナクトの墓の壁画からもわかる。墓の主が家族と共に鳥猟に出た様子を描いたもので、右手に曲がった棒を持ち、左手には囮にする鳥を持っている。同じ頃の同じ場所に埋葬されたネプ・アムルの墓の壁画にも同じような「投げ棒による鳥打ち」の図が描かれている。これにも家族が描かれているので、家族ぐるみでの山野か河辺の遊びの際にしばしばおこなわれたのであろう。

以上のように投げるに関する事柄を述べたが、投げる行為はすべて狩猟のためであり、狩猟に必要であった。これは自然との競争の有力な手段であり、人と人との競争ではなかった。

野鳥狩り（『古代エジプトの生活』）

古代エジプトでも投擲は狩りのためで、人間どうしの競争の資料は乏しい。投げることを遊びとして完成させ、競技としたのはやはりギリシア人であった。

ホメーロスの『イーリアス』には葬送競技として、鉄の塊をどれほど遠くに投げるかを争う競技が書かれている。

ポリュポイテース、レオンテウス、アイアース、エペイオスが一列に並んで、次々と投げる。落ちた地点はそれぞれ印が付けられている。アイアースが投げて、「がっしりとした手に（投げれば）皆の標記《しるし》の上を越した」（ホメーロス／呉茂一訳『イーリアス』）。しかしポリュポイテースが投げると、「牛飼い男が抛り杖を抛ったときに（飛ぶ隔《へだ》たり）ほど、その棒が旋回しながら、群牛の間を飛びぬけていく、――それ程遠く、全競技場の向うまで抛ったもので、皆叫びをあげた」（前同書）。

『イーリアス』のなかに記されている投擲の道具とされるものが、地中海の沈没船から発見されている。一つは小アジア南海岸のゲリドニア岬付近で沈没していた紀元前一三世紀頃のフェニキアの貿易船である。積荷の壺などの容器類と共に、長さ約六五センチ、幅約四〇センチ、厚さ約四センチの銅板があった。重さは約二〇キログラムであった。

地中海の他の紀元前の難破船の積荷からは、前述の銅板を意図的に変形したとみなされる銅塊が幾つも発見されている。これは円形で半面が平らで、他方の面は膨らんだレンズようの形か半球に似た形であった。「これはホメロスの作品中パトロクロスに捧げる墓前競技で、競争のために投げられる用具 σόλος である」（渡部憲一『古代ギリシアとスポーツ文化』）という。この道具は後に洗練された形になって、オリンピアの競技で使われた円盤の原型であった。

もっとも、円盤は武器として相手に投げつけるものであった。ホメーロスは次のようにも描写している。

かれはすっくと立ち、マントをぬぐことさえせず、ほかのよりも大きくて、厚く、バイエークス人《びと》がたがいに投げ合ったのよりは、はるかに重い円盤を取り、ぐっと一振りして逞しい手から放てば、石はぶうんと鳴った。長いオールの、船に名高いバイエークス人《びと》たちは、石のあまりにものすごく飛んだのに驚いて、大地に身をかがめた（ホメーロス／高津春繁訳『オデュッセイア』）。

円盤は石で作られていた。オリンピアの祭典の時も競技用の円盤は石か銅で作られていた。「オリンピアで八枚の円盤が発見されているが、古代の円盤はサイズが大きく重かった。競技用も石や青銅で作られ端は鋭くなっていた。たいていは重量約一九ポンドで直径は一二インチと推定される。子供用の小さいサイズも発見されている（ワルド・E・スウィート『古代ギリシアのスポーツとレクリエーション』）。

赤絵の壺に描かれた円盤投げ（タルキニア博物館蔵、『アテネの赤絵の壺』）

オリンピアのもうひとつの投擲競技は槍投げであった。槍は六フィートの長さであるが実際に戦闘に使われていたものより軽く、三〇〇フィートも投げることができた。大英博物館蔵のアンフォラに描かれた赤絵は陶工エウフィレトスが紀元前五二〇年頃に作ったものであるが、槍を振り回している二人の競技者が描かれている。ナポリ考古学博物館蔵のアンフォラに描かれている槍投げの絵は、今まさに槍を投げようとする姿勢で、右手に槍を持ち上半身を右にひねって頭は後方を向いている。投擲の方法を描いたものとして貴重な作品である。

ものを投げるという単純な遊びも、狩猟活動から変遷して競技として完成した。

四　格闘技と拳闘

狩猟民の必要な身体的能力のうち、格闘に勝つ力と相手に打撃を与える殴打は、生きていくうえで最も大切な能力であったのだろう。これが訓練も兼ねた遊びにもなったであろうと推測するものの証拠はまったくない。

数百万年という長い狩猟生活の後に、人類は農耕生活を営むようになると格闘や拳闘の機会は相対的に少なくなり、さらに遊びやスポーツに変化した。

格闘や拳闘の最も古い物証とみなされる一つは、紀元前三〇〇〇年頃とされるメソポタミアのカハジェ・ニントウから発掘された石片である。奉納板とみられる表面に、二組のレスリングをしている男達と一組の拳闘をしているボクサーが浮彫りされていた。同時代のディヤレ川の流域から出土した祈願石板の破片にも、腰布を着けた二人のボクサーが闘っている浮彫りがあった。

これも同じ時代のカハジェ・ニントウ出土の銅製の壺の脚は、組み合った二人のレスラーの彫像になっている。祭儀に使われた壺とするならば、メソポタミアではレスリングも拳闘も神に奉納された行事であった可能性が大きい。紀元前三〇〇〇年頃のこの地ではレスリングも拳闘も広く普及していたとみてよい。

古代エジプトでも格闘技は愛好されていた。「レスリングの一番古い絵は、第五王朝（紀元前二四七〇―前二三二〇年）のヴィジェル・プターホテップの墓でみつかっている。それは、右のこめかみから垂らした髪の毛が房状になっているので子供とみられる6組のレスラーたちを描いている」（『古代エジプトのスポーツ』）。子供達がレスリングをしているので、当然、大人達にも広まっていたのであろう。

紀元前二三〇〇年頃のサッカラにある高官プタハ・ホテプの墓の壁画には六組のレスラーが描かれている。取り組みは様々な姿勢で、相手の身体を持ち上げたり、持ち上げた相手を頭から突き落とすような体位、相手の片足を持ち上げようとする姿勢である。この浮彫りの横には、拳闘をしている若者も描かれている。

紀元前二〇五〇年頃のベニ・ハサンの墓群にはおびただしい数のレスリングの様々な状態が描かれている。第二九号墓（バクティ一世埋葬）の壁画は六組の異なった姿勢のレスリングが描かれ、二号墓（アメンエムヘト）では五九組のレスリングが描かれている。一七号墓（ケティ）には一二二組、一五号墓（バクティ三世）の壁画には、なんと二一九組ものレスリングの取り組みが描かれている。これは「レスラーは四〇センチ近い大きさで、色で区別され（暗褐色と淡褐色）……レスラーの動きを実によくたどることができる」（『古代エジプトの遊びとスポーツ』）。

多数のレスリングの絵は、一つの技の動作を連続して描いたものの集合である。絵解きでの技の解説である。たくさんの絵を分析すると当時のレスリングの技がほぼ五系統に分類できるという。レスリングを壁画として描かせた墓の主は大層なレスリング愛好家だったのだろうが、当時のレスリングの流行を反映していたとみてよい。

第一八王朝（紀元前一五五二―前一三〇六年）のチャヌニの壁画にもレスリングが描かれている。兵士達のレスラーにまじってヌビア人のレスラーが描かれている。同じ王朝時代のアメンヘテプ四世の治世に描かれた石板にもヌビア人のレスラーが描かれている。ヌビア人は体格が優れているのでしばしばレスラーに登用されたのであろう。

ベニ・ハサン15号墓に描かれたレスリングの図（第11王朝、『古代エジプトの遊びとスポーツ』）

レスリングは第一九王朝（紀元前一三〇六―前一一八六年）のアメンモセの墓の壁画に描かれ、紀元前一二〇〇年頃のメディネット・ハブ出土の石灰石にも浮彫りがされていた。ほぼ同時代のラメス三世の神殿の浮彫りには観戦する貴族達と幾組かのレスリングが描かれ、そのうちの一組のレスラーは「相手の頭を脇に抱き、地面に投げつけようとしている」（前同書）光景である。
他方、メソポタミアでもレスリングは広くおこなわれていた。シュメール人の王ギルガメシュを讃える叙事詩

石灰岩に描かれたレスリング（第20王朝、カイロ考古学博物館蔵、『古代エジプトのスポーツ』）

は、紀元前八世紀頃にアッシリア語で書かれた断片が残っている。このなかには、ギルガメシュが豪勇のエンキドゥとの格闘に勝ったことや獅子をも斃《たお》す偉大な王と述べられている。格闘技の勝者は常に讃えられていた。

　格闘の様子を文学的に表現したのはギリシアである。ホメーロスの『イーリアス』にはアイアースとオデュッセウスの格闘をこのように記している。

　二人は、褌《まわし》を着けて競技場の真中へと進みいで、互いに対手を頑丈《がんじょう》な手で抱きかかえて、がっきと組んだ、さながら棟《むね》の梁《うつばり》のよう、それを名のある工匠《たくみ》が、高く聳える屋敷を造ると、組み合わせて、風の力を避けようとする。されば互いの背筋は、軋《きし》みを立てた、大胆な腕に摑《つか》まれ、しっかと抑え引き据《す》えられて、――汗はしとどに流れて落ち、方々に蚯蚓腫《みみずば》れが、脇腹にも、両肩にも、血で真紅《まっか》な色して脹《は》れ上がったが、二人は始終力んで、造りも宜しい鼎《かなえ》を的《まと》に、勝を得ようといきおい立った（『イーリアス』）。

この勝負はオデュッセウスが相手の膝の後ろを打って、仰向けに倒して勝利を得た。古代ギリシアで格闘技が盛んであったことは、多くの壺絵からも知ることができる。
拳闘も古代社会では人気が高かった。クレタ島のハギア・トリアダから出土した角杯《リュトン》には三組の拳闘競技が描かれていて、勝者と敗者が描き分けられている。敗者は「最後の一撃で後ろにひっくり返されてしまっている」（前同書）リアルな描写である。この拳闘は頭と顔や顎を保護するために、軍隊の兵士の兜に似たヘルメットをかぶり、ふくらはぎまで覆う靴をはいている。宮廷内で催される祭典の行事の一つが拳闘であった。

ミノア文明で鮮やかな色彩が残っている子供の拳闘をしている壁画は、テラ出土の紀元前一五〇〇年頃のものである。二人はともに二条に編んだ髪を長く垂《た》らしていて、右手にグローブをはめている。紀元前一二世紀頃のキプロス出土の酒器にも拳闘をしている男達が描かれていて、地中海の島々や沿岸では既に拳闘が広

レスリングのレリーフ　アテネのケラマイエス出土（紀元前510年頃）

く普及していた。
それに比べて、意外にも古代エジプトでは拳闘に関して絵画資料はきわめて乏しい。僅かに第一八王朝の紀元前一三七〇年頃のケリウフ（またはクェルエフ）の墓の壁画に描かれているのみである。六組の拳闘が描かれているが、防具もグローブも付けていない粗野な試合である。エジプトでの文献も少ないことから、「ボクシングは実際にほんの時たましか行なわれなかったのだろう」（前同書）という見解である。

地中海文明を受け継いだギリシアでは、拳闘は一段と盛んになった。ホメーロスの作品に記される墓前競技の拳闘を要約した文章は次の通りである。

男らしく立派な体格をした若いエペイオスは、ボクシング競技に名乗りを上げるとすぐに、賞品の騾馬を一人占めにし、いかなる相手が出てこようとも「彼らの身体を細かく引き裂き、すべての骨も砕いてやろう」と脅しをかけた（『古代のスポーツとゲーム』）。

拳闘というのに相手を「引き裂き、すべての骨を砕く」という物騒な気持ちと恐ろしい決心である。ホメーロスの時代はこのような乱暴なボクシングであったのだろう。

この試合はテバイのエウリュアロスが挑戦した。二人とも兵士用のまわしを締め、こぶしのまわりに革紐を巻いて闘った。エウリュアロスはエペイオスの一撃を顔面に受け、血を吐きながら倒れた。ギリシアの拳闘はこのように荒々しい命がけの競技だった。

ギリシアの赤絵や黒絵を描いた壺には、拳闘をしている男達がしばしばあり、拳闘の普及を証明している。アテネから出土した紀元前五世紀頃のアンフォラに描かれているのも拳闘であるが、向かい合った左側のボクサーは鼻血を出しながら闘っている珍しい絵である。また、別の壺には倒されて膝をついたボクサーが、人差し指を立てて審判に降参したしるしを示している。

青銅製のボクサー像　エトルリア出土（紀元前475-前450年頃、大英博物館蔵）

鼻血を流すボクサー　ギリシア（紀元前550年頃、大英博物館蔵）

西テーベのクェルエフの墓に描かれたボクシングの図（紀元前1370年頃）

アンフォラに描かれたパンクラティオンの図（『古代ギリシアのスポーツとレクリエーション』）

古代ギリシアではレスリングと拳闘を合わせたようなパンクラティオンという格闘技が流行した。拳闘やレスリングよりも更に荒々しい競技である。「レスリングと異なり、戦いは倒れた後も地面で続けられた。引っかく、かみつく、締める、目をえぐる、口をえぐる、これらの全てが許されていた。拳や手の平で身体のどこにでも打撃を加えることが許されていた」（前同書）。相手の目を抉《えぐ》ることも許される格闘技というよりも決闘に近いものであった。

むろんパンクラティオンを描いた壺絵も少なくない。紀元前六世紀末のアテナイ出土の壺は、組み敷かれた男が相手の肩をたたいて敗北を認めるサインを出している。組み合ったり、相手の片足を摑んで持ち上げ、倒そうとしている状況などが壺に描かれている。

流血を伴うパンクラティオンは、見物人には楽しい娯楽であった。それがこの格闘技の流行の理由だったのであろう。パンアテナイア祭の時も祭典の催し物としておこなわれたのは観衆に人気があったからであろう。

拳闘と格闘技についてはギリシア人は競技として完成したのではなく、より血腥《ちなまぐさ》い興行に仕上げた。

五　じゃんけん

なんの道具も使わない身体だけの遊びの一つはじゃんけんである。

対峙しあって身体的能力を競べ、場合によれば身体に障害を受けたり怪我をする遊びでなく、相手に傷を負わせない遊びである。

おそらく狩猟の際に、近接して獲物とする動物に気付かれないように、会話でなく身振り手振りで意志を伝え合ったのが始まりであろう。その際に、獲物は何頭か？　二頭か、いや三頭だ、などの遣り取りに指を二本立てたり三本を出したりしたのであろう。あるいは人差し指を立てたらこのように行動する、親指を出したらこの動作をする、などと取り決めていたのであろう。

これが長い時間を経て、遊びになったのであろう。遊びとして記録されているのは古代エジプトである。

ベニ・ハサンにあるその地方の支配者達の墓のうち、第一七号墓は第一一王朝（紀元前二一三三―前一九九一年）の時代のものであるが、多様な遊戯が壁に描かれている。そのなかに幾つかのじゃんけんをみることができる。

一つは、二人の女性が片膝を立てて向かいあって座り、右腕を同時に前に出している。互いに相手に向かって指を伸ばしている。添えられた碑文には「「言ってみろ！」という呼びかけである。これは号令をかけて伸ばした指の数を当てる遊びである」（『古代エジプトの遊びとスポーツ』）。

次のグループは、一人のプレーヤーは相手の前で右手の指を立て、左手の掌でそれを隠し

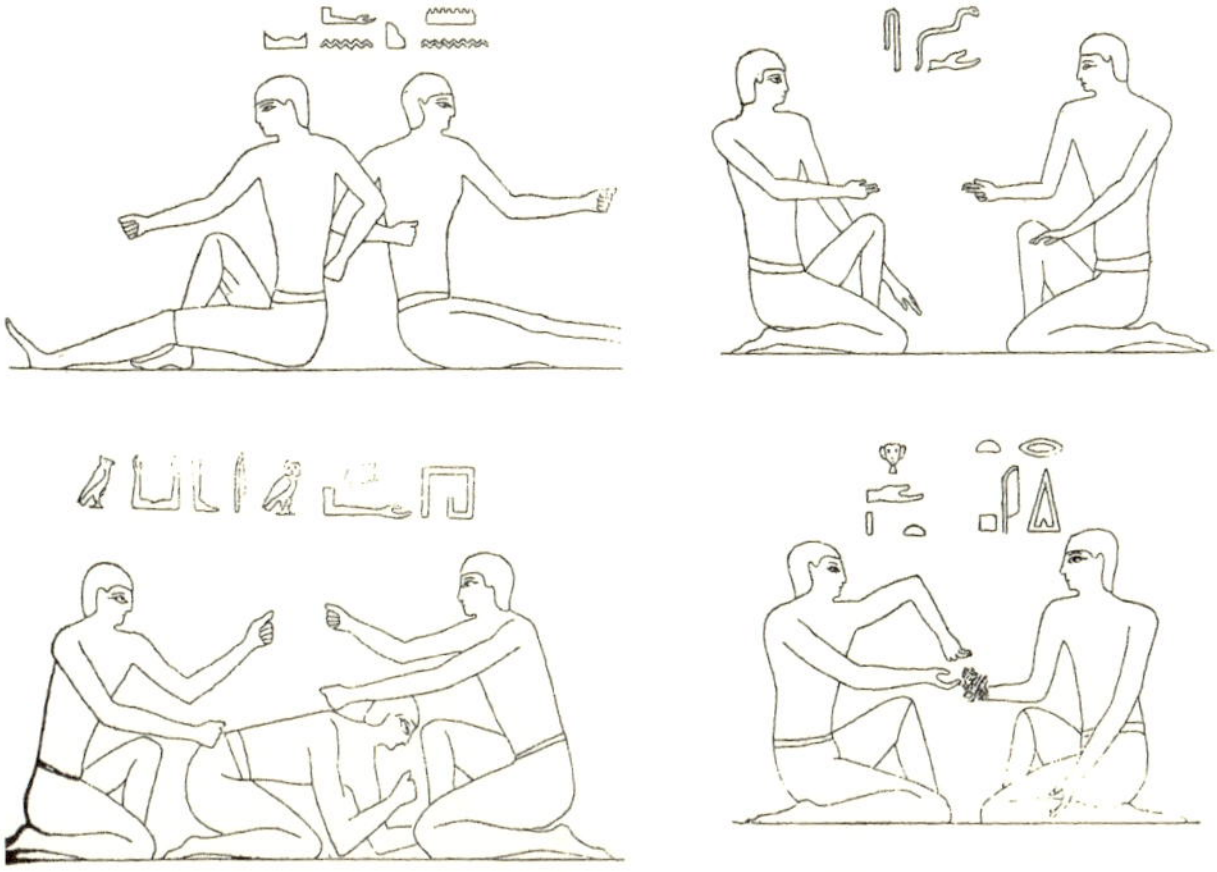

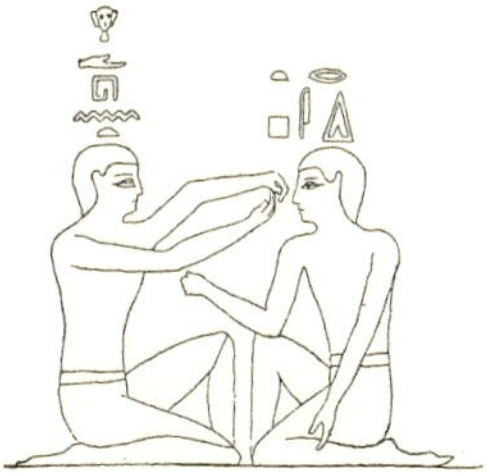

アテプの図５枚（『古代とオリエントのゲーム。そしてどのように遊ぶのか』）

ている。交代でこのような動作を続けるのかは不明である。添えられた碑文には「額の上にアテプを置く」（エドワード・ファルケナー『古代とオリエントのゲーム。そしてどのように遊ぶのか』）と書かれている。古代エジプトでは、この指の数を当てる遊びは「アテプ」とよばれていたと判断できる。

三つめのグループは、向かいあって座った二人のうち、左側の男は両手のどちらも指を伸ばしているようにみえ、片方の手で他の手を覆っているように思える。右側の男の左手は身体に沿って下げていて、右手を相手のほうに伸ばしているようだが、この部分は破損していて不明である。碑文には「手の上（または下）にアテプを置く」（前同書）とあるが、手首から先が破損しているので判断はできない。

四番目のグループは、二人のプレーヤーが背中合わせに座っている。この姿勢では互いに相手の指の数を知ることができない。たぶん別に審判となる一人がいて、三人一組で遊んでいたと考えられる。

五番目のグループは三人が描かれている。向かいあった二人の男の間にもう一人がいて、この男は膝《ひざ》と肘《ひじ》を地面に着けてうずくまっている。左右のプレーヤーは二人とも一方の手の握りこぶしを中央の伏せた男の上に置いている。もう一方の手でそれぞれ指を伸ばしているので、これもアテプで遊んでいるのであろう。

このように古代エジプトのじゃんけんであるアテプは、この頃には五つの型があったと考えられる。

アテプは単純な遊びなので庶民の間に拡まったのであろうが、ベニ・ハサンの墓群以外に壁画として残っていない。他に「二人の若いエジプトの女性がこのゲームを楽しんでいるイラスト」(前同書)のみである。壁画を残すことのできる貴族や高官の墓の主には、あまりアテプは興味がなかったのかもしれない。しかしエジプトで受け継ぎ伝えられたことは、古代ギリシアでもアテプに似た遊びがおこなわれていたことからも断言できるであろう。

ギリシアでも〝じゃんけん〟は〝アテプ〟とよばれていたのか不明である。解説しているE・ファルケナーは慎重にも「このゲーム」としか述べていない。

ギリシアではかなり洗練された遊びになったようである。ローマの考古学研究所が所蔵している紀元前数世紀の壺に、二人の女性のじゃんけんとされる絵が描かれている。二人の女性が向かい合って椅子に座るように互いに壺の上に腰掛けている。一本の長い棒を二人で持っていて互いに槍を持っているようにみえる。棒は互いに左手に持ち、右手の指を何本か伸

ギリシアの壺に描かれたじゃんけん（『古代とオリエントのゲーム。そしてどのように遊ぶのか』）

赤絵の壺に描かれたじゃんけんをするエロスとアンテロス（ミュンヘン考古学博物館蔵）

ばしている。伸ばした指の数を当て合っている遊びである。

絵から判断すると、勝ったほうは棒を一定の長さで手許に引く。負けが重なると、棒と共に前方に引っ張られて壺に腰掛けていることができなくなる。壺から落ちれば負けになるのだろう。二人の上にはリボンを持ったキューピットが描かれている。二人の右側には冠を右手に掲げた女神風の女性が描かれている。神話に題材を求めたのか、どういう意味が籠められているのかは不明である。

これとよく似た構図の壺絵も残されている。岩に腰掛けて向かい合った二人が一本の長い棒を持っている。対峙しているのは愛の神エロスとエロスの弟で復讐《ふくしゅう》の神であるアンテロスである。二人は共に背中に大きな翼があり、植物の蔓か小枝で作った冠を着けている。腰を掛けているのは動物の脚の付いた粗末な座席とあるが、そのようにはみえない。二人とも棒を持つのは左手で、右手の指を伸ばしている。じゃんけんをしているが、愛と復讐が争うという寓意を表わしている。

ファルケナーは、この他にも老人と若い女性のじゃんけんの絵も残されているという。老衰と青春を表わしていて、いずれ人は老いて亡くなり、次の世代を担う若者には勝てないという諷刺を示しているとしている。

エジプトのアテプを継承しているのは古代のローマ人かもしれない。古代ローマでじゃんけんは「ミカーレ」とよばれ、後に「モラ」という。

向かい合った二人が互いに右手を固く握りしめて頭上に挙げる。そして二人は同時に何本かの指を伸ばして、その数を互いに当て合う。二人とも当てるか、二人とも間違えた場合は引分けで、再びゲームを繰り返す。通常は「当てると一点で、先に五点とったほうが勝ちである」（アニタ・リーヘ『このように遊ばれた古代ローマ』）。非常に流行したが、勝負に賭けられた金額が次第にエスカレートして、多額の賭金になったので一時期禁止されたという。

モラはこの時にも使われたと述べる研究者もいる。「聖書に十字架にかけられたイエスの衣服を野卑な者達が分けあったとあるが、初期のキリスト教はこの光景を壺絵や聖画《イコン》や本の挿絵に、刑吏が分けるのにモラの勝負をしたと描いている。モラは二人の遊び手が互いに右手の指を伸ばし、二人が同時に相手の指の数をできるだけ早く叫ぶ。言い当てたほうが勝ちである」（ウルリッヒ・ヒブナー『古代パレスチナの遊びと遊戯具』）。

しかし英文の聖書では、キリストの衣服を分けるのに兵士達が「ロット」を用いたとなっている。ロットは長方体の投げ棒形のさいころで、転がして四面のうちのどれかが上を向くという形である。また、ロットを使用している絵も作製されている。モラかロットか確かめることはできないが、モラで分けたということは十分考えられる。当時はローマ兵の間でかパレスチナの地でモラが広くおこなわれていた可能性は大きいからである。

じゃんけんはいつでもどこでも指だけで遊ぶ簡単なゲームなので、多くの民族で遊ばれたのだろうが、起源は不明である。たぶん同じような発想で考案されたのだろう。また、日本人がじゃんけんという場合には、三つのものが互いに勝ち負けのある三すくみを連想するが、指の数を当てる遊びが最初のようである。

例えば、中国では古くからじゃんけんがおこなわれていて、「古代から民間で飲酒する時の娯楽や遊芸であり、たやすい動作なので下層の人々に人気があった」（崔楽泉『図説中国古代遊芸』）としているが、いつ頃からとは明記していない。一〇世紀には記録があるという。中国でも幾種類かの名前でよばれているが、指の数当てを示す言葉である。

アテプにしてもモラにしても、識別する判断力か瞬発力を競う遊びであろう。

六　その他

少年達の力競《ちからくら》べはエジプト第六王朝のメレルカの墓の壁画にみられる。「相手の手を摑み、足を突っ張り合って身を反らせ、相手を自分の方に引っ張ろうとしている」（『古代エジプトの遊びとスポーツ』）絵である。

力競べの一つの重量挙げも太古からおこなわれていたのであろうが、壁画に描かれるよう

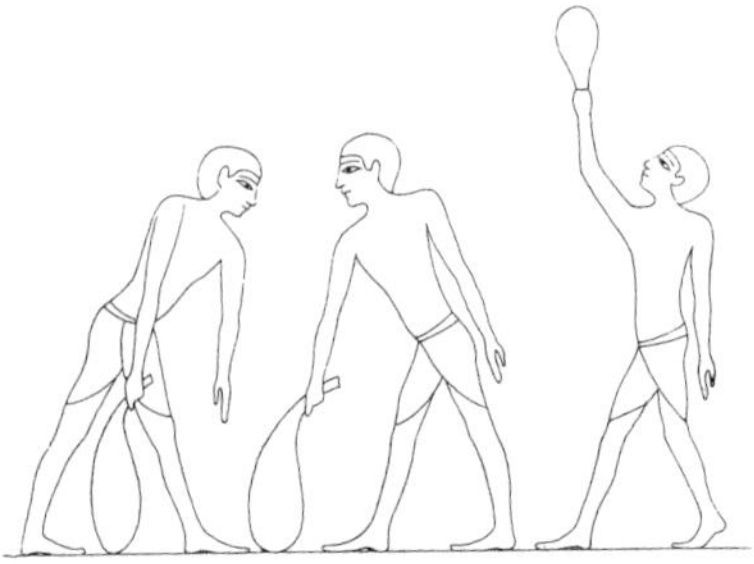

王子バクティ３世墓の壁画に描かれた重量挙げ（紀元前2000年頃、『古代とオリエンのゲーム。そしてどのように遊ぶのか』）

になったのは、ずっと後の時代である。第一一王朝のベニ・ハサンの墓群のなかで、バクティ王子の墓の壁画には重量挙げを競っている三人の男が描かれている。各々が「西洋梨の形をした重量物に取り組んでいる図である。重量物が何でできているのか判らないが、砂袋か木製の亜鈴のようなものであろう」（『古代エジプトのスポーツ』）。

　同じベニ・ハサンの墓群のケティ王子の墓の壁画には、腕引きといえる力競べの絵がある。二人の少年が背中合わせに座り、互いに左手の腕を組み、足を伸ばしている。「互いに相手をその坐っている位置から動かそうとするか、坐っている姿勢から立ち上がることであったに違いない」（前同書）。

　壁画のなかで珍しいのは「棒登り」である。棒に登る速さを競ったのか不明であるが、ラムセス二世時代の紀元前一二五〇年頃の浮彫りがある。ルクソールの東の塔門に刻まれている。豊作の神ミシを記念する祭礼の絵のなかの一つで、大勢が棒に登っている図である。数本並んでいる棒の一本ずつに複数の人々が登っている。棒に抱き付いているように胸部や腹部を棒に密着させ、腕の力で登っているようにみえる。祭礼のつど、棒登りがおこなわれたのであろう。

これから一〇〇〇年ほど後の紀元前三世紀の棒登りの浮彫りも残っている。トレミー時代の神殿の壁画である。数本の棒が描かれ各々の棒には一人または複数の登り手がいる。登る速さを競っているようにみえる。この棒登りの姿勢は棒から身体を離して、手足の先だけを

棒登り　ルクソールの東の塔門のレリーフ（紀元前1250年頃、『古代エジプトのスポーツ』）

使って登っている。この時には既に棒登りの技法が改善されていたと考えられる。

興味深いことは古代エジプトで既に闘牛がおこなわれていたことである。多くの動物が神として崇《あが》められていたのに、雄牛は例外だったようである。

川辺や海岸沿いに住む人々にとって、水泳は欠かすことのできないものであった。獲物を追って川や湖を渡る時にも必要だったのであろう。しかし泳ぐ速さを競い合ったという記録はない。

ベニ・ハサン墓の壁画にある闘牛の図（『古代エジプトの生活』）

水泳に関する最も古い証拠を残しているのも、やはり古代エジプトである。象形文字に泳ぐ人を表わした少なくとも三種類の文字がある。だが、ナイル川の恵みを受けているにもかかわらず、水泳についての記録ははなはだ少ない。僅かに中王国時代の王子ケティの伝記を記した銘文に、「若い頃すでに王が水泳を奨励した。「王は私に王室の少年たちと一緒に水泳の練習をさせた」としるしてある」（『古代エジプトのスポーツ』）。たぶん、王子や貴族の子供や王室に仕える者に水泳は必修であったのだろう。

紀元前一三八〇年頃に作られた柄が泳ぐ少女になっているスプーンようの容器がカイロ考古学博物館やメトロポリタン美術館に所蔵されているので、水泳に一定の関心があったのだろう。

ラムセス二世の葬祭殿にある浮彫りは紀元前一二七〇年頃のヒッタイトに勝利したカディシュの戦いを描いている。オロンテス川の戦闘で敗れたヒッタイトの兵士達が泳いだり岸に

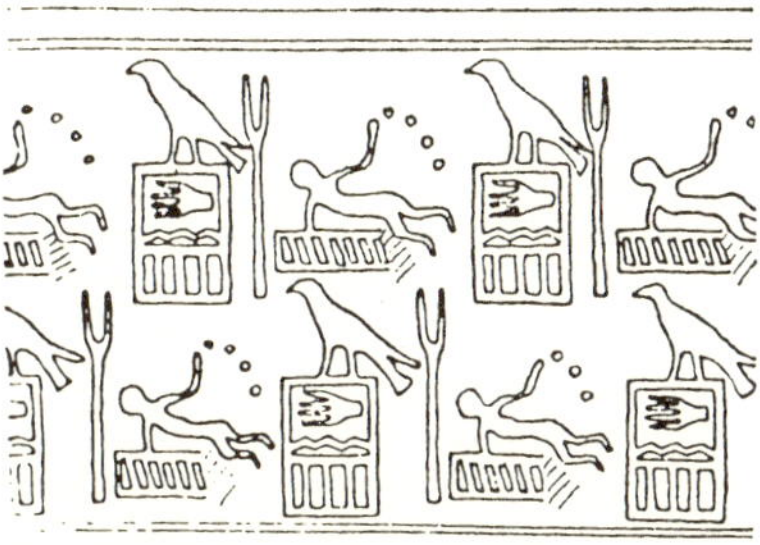

水差しの蓋に描かれた泳ぐ人を表わすヒエログリフ（第１王朝、『古代エジプトの遊びとスポーツ』）

泳ぐヒッタイトの兵士（『古代のスポーツとゲーム』）

たどり着いたり、溺れる者を救助する者など、泳いでいる人々が主役になっている。

第二〇王朝（紀元前一二〇〇—前一一〇〇年頃）時代のデル・エルメディン出土の石灰石に描かれている絵は、水鳥を摑まえようとしている「鳥を獲る泳ぐ少女」である。

古代エジプトでは水泳よりも舟の競漕のほうがより多く壁画に描かれている。競漕というより舟合戦といったほうが正確かもしれない。第五王朝時代のサッカラにあるプタハ・ホテプの墓の壁画に描かれているのも舟合戦の図である。二隻のパピルスで編んだ舟が、互いに相手の乗組員を棒で水中に突き落とそうとしている絵である。同時代のニアンククヌムとクヌムヘテブの墓も舟合戦の壁画がある。双方ともが互いに船首に立っている者を突き落とすか、打撃を与えて水中に落とそうとしている。櫂か棒を振り上げている男が描かれている。

アメンフィス二世（在位紀元前一四三八—前一四一二年）のスフィンクス像の碑文には、いかに体力の優れたファラオであったかを讃える文章が記されている。「強いというべきは彼の腕の力。彼は疲れることを知らぬ。オールを握り船尾で漕ぐ力は二〇〇人力」（前同書）という。研究者のなかにはこの記述を「王位継承者がボートを漕ぐ描写と解釈している」（『古代エジプトの遊びとスポーツ』）が、碑文の解読は「両腕は力強く、舵をしっかりと摑まれ、鷹の船の船尾で二〇〇名の部下を従える者として舵を取られても、お疲れにならなかった」（前同書）という研究者もいる。漕ぐ力にしても舵を取る力にしても強大なことは神が喜ばれる、といった内容で、強力な者こそファラオにふさわしいという賛美である。

小さな舟での競漕の壁画や文献があるところから「大きな船の競漕は当然あったと思われる」（前同書）。古代エジプトの船についてはこれまで詳細な研究がなされているが、本題より外れるので割愛する。

舟合戦　サッカラの高官の墓の壁画（紀元前2400年頃、『古代エジプトのスポーツ』）

競漕の伝説が多いのは中国で、紀元前六世紀の詩人で政治家の屈原が、国が破れて追放された時に汨羅《べきら》江に身を投じて亡くなった。彼を救出しようとその地の漁民が先を争って舟を漕ぎ出したのが競漕の始まり、とされている。また、春秋戦国時代（紀元前四〇三―前二〇六年）の呉の国の政治家伍子胥が讒言《ざんげん》によって免官され、抗議して入水したのが水神になった。競漕で用いられる龍首船はこの水神を表わしているという。

春秋戦国時代には水軍の闘いもしばしばおこなわれていて、この時代の浙江省鄞県出土の青銅の鉞《まさかり》に競漕の図が鋳られている。四人の漕手が舟上に座り、鳥の羽根で作った飾りを付けている。紀元前二世紀の雲南省石寨山から出土した銅鼓にも競漕の画がある。六人ずつ二列に並んだ漕手が座っている舟である。

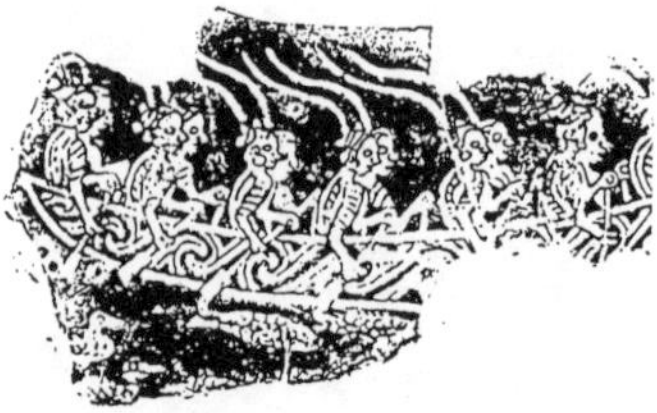

古代中国の競漕　雲南晋寧石寨山出土の銅鼓拓本（漢時代、『図説中国古代遊芸』）

競わない遊びの次におこなわれたのが、水泳を含む身体的能力を競う遊びであった。狩猟生活のなかから自然に生まれたのであろう。道具もいらず、どこででもいつでも容易におこなうことができた。生命力の発散といえるのかもしれない。

強健な身体は古代エジプトでは宗教や信仰と結びつき、身体が頑強で運動能力の高いことは支配者の資質とされた。古代ギリシアでは身体能力の競いは生死を伴う激しい決闘のようになった。さらに勝負には高額な賞品が賭けられ競技の堕落の源になった。

第三章　道具を用いる遊び

一　球戯

人類は肉体的な能力を競い合うだけでなく、なんらかの道具を用いて遊ぶようになった。遊びの範囲は拡がった。

最も古い遊び道具の一つが球であろう。

現在のところ球と人類の生活とが結びついた最も古い例は旧石器時代の発掘品である。中国の山西省芮城県匼河《あんが》の遺跡から約五〇万年前の石球が発見された。直径は九・五センチから八・五センチの大小三個の球である。人工の球と判断された。同じ地域の丁村文化遺跡から発掘されたのは、「約一〇万年前から四万年前に大量の石球が作られ、一五〇〇個という多さで、重量は二〇〇〇グラムで最も軽いものは九〇グラムであった」（崔楽泉『図説中国古代遊芸』）。

考古学者の推定では、これらの石球は二個か三個ずつが連なって獣皮に包まれていることから、使用する時は連結された一組の革でつながれた石を頭上で振りまわし、相手に投げつけたという。野獣を捕えるか、他のグループの人間と闘うためであって、相手の脚に巻きつき、からまって走れないようにするための道具と判断された。これらの石球は「人類の最初の生活用具の一つである」（前同書）という。

新石器時代になると、中国で石球は多数発見されている。「江蘇省泗洪の順山集にある新石器時代の遺跡からは陶製の人面、獣面、熊の首と共に石製の磨球が発見された」（『考古学報』二〇一四年四期月号）。石球の最も大きいものは直径八・七センチ、厚さ四・八センチで、大部分は直径七・七センチから七・五センチ、厚さは五・五センチから四・三センチで、石球

球戯図　雲南滄源岩画（青銅器時代、『図説中国古代遊芸』）

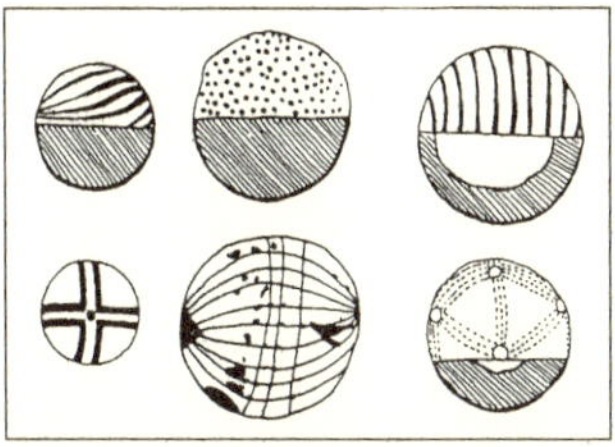

陶球　屈家嶺文化遺跡出土（新石器時代、『図説中国古代遊芸』）

というよりは扁平な球といったほうが正確である。年代は紀元前八〇〇〇年頃と推定されている。用途は不明とされている。

西安の半坡《はんぱ》遺跡墓群の一つで発掘された新石器時代の石球は、旧石器時代の石球に比べて幾分小型化して、表面が磨かれたものもある。出土品の石球の総数は二四〇個もあり、「石球は（狩猟用具として）投擲用に利用されることが多かったのであろうが、同時に現在も遊ばれている（球を用いる）遊びの開始時期でもある」（前同書）という。新石器時代が球戯の始まった時代という見解である。

これを裏付けるように、紀元前五〇〇〇年頃の西安半坡一五二号墓の発掘調査では、埋葬された墓の主人の下肢の左側に三個の磨かれた精緻な造りの石球が発見された。同時に螺鈿《らでん》細工の玩具も副葬品として発見された。「埋葬された墓の主は三、四歳の女児とみなされ、石球も副葬品の一種を象徴している。女児が死後も生前と同様に石球で遊ぶことを願ったものであろう」（前同書）。

石球の研究者は、石球は当初は狩猟用具であり、後に自分自身を守る護身用の武具となり、それから玩具となったと推定している。

新石器時代に球で遊ばれていたことを示すもう一つの証拠は、四川省で発見された紀元前五〇〇〇年頃の陶製の球である。直径が三センチの中空の球と大小の内部が詰まった球とである。球の表面は紅彩や黒彩が施され、幾何学模様や花模様が付けられていた。明らかに愛玩品である。

雲南省滄源県にある岩絵は紀元前一四〇〇〇年頃のものであるが、人々が球で戯れている図である。中国は球を遊びに採り入れた最も古い地域である。後の紀元前二世紀には蹴球が盛んであったことは文献資料からも知ることができる。

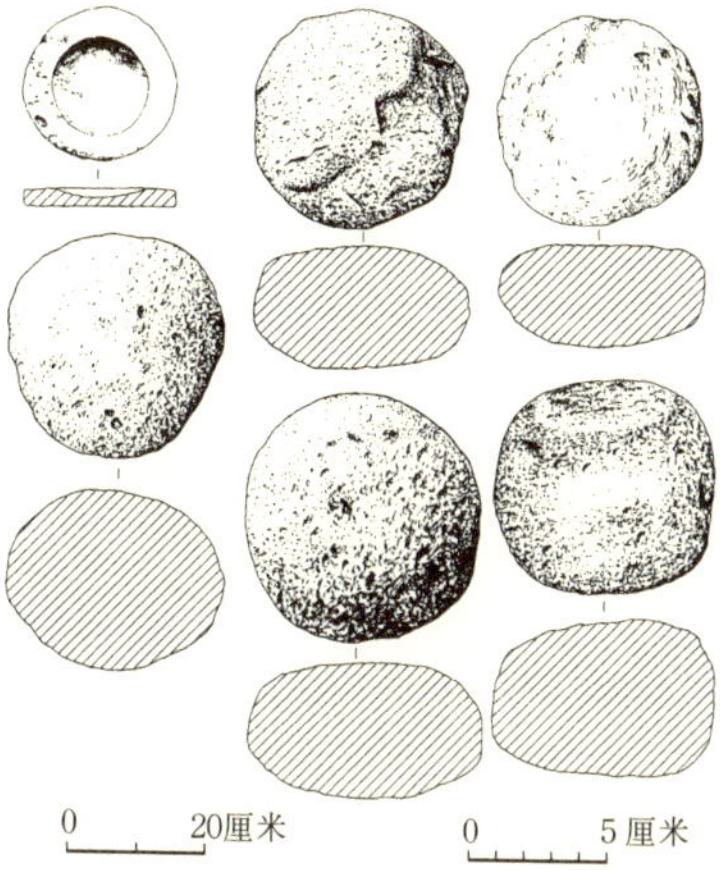

石磨球　江蘇省泗洪遺跡出土（新石器時代、『考古学報』2014年第４期号）

チグリス・ユーフラティス川に囲まれた地でも球は古い時代から作られていた。東西ドイツ統一後に建てられたベルリンの新博物館には、メソポタミアのネガデから発掘された六個の球が展示されている。紀元前三二〇〇年から同三〇五〇年の間に製作されたもので、パレスチナの古代文化には「神々も人間も、子供も成人も、男女の別なく社会のあらゆる階層でボール遊びがおこなわれ、それはイスラエルの鉄器時代でも同様であった」(ウルリッヒ・ヒブナー『古代パレスチナの遊びと遊戯具』)という。その証拠としてヒブナーが挙げているのが、前述したエルサレムの高級官僚に対して羊毛や髪の毛、革を詰めたボールで遊び三昧に耽っていることを止めよという警告である。その警告のヘブライ語文献からの引用でボール遊びが盛んであったことを示している。

古代エジプトでも球は早い時代から遊び道具であった。「子供の墓から完全な(九柱戯の)セットが発見された。三個の石で作った門をくぐらせる球を一組のピンに当てるのだが、この遊びは一度も図に描かれていない」(ヴォルフガング・デッカー/津山拓也訳『古代エジプトの遊びとスポーツ』)。先史時代の墓であるという。

九柱戯とあるのは中世ヨーロッパで盛んに遊ばれたボール・ゲームで、今日のボウリングの原型である。球は目標とする一群のピンをめがけて転がすが、方向を一定させるために石などで造った門を通過するようにする。古い墓からの発見物にもこのような工夫がなされていた。

古代エジプトで発掘された様々な球は、「最高級のボールは、蒿《よもぎ》、葦、毛髪、糸、穀物の殻などを縫い合わせた芯に、草の帯を一、二枚巻いたものである」(前同書)。そしてやや下級なカバーのない簡単なボールは、木材、粘土、パピルス、椰子の葉で作られていた。ボールは投げたり蹴ったり幾つもの遊び方があったのだろうが、第一一王朝時代のベニ・ハサン第一七号墓の壁画はボール遊びが描かれていて、当時の一つの方法を知ることができる。

壁画には二人ずつ二組の四人の少女が描かれていて、一組のうち一人が相棒の背中にまたがり、互いにボールを投げ合っている。キャッチ・ボールなのか、相手に当てたほうが勝ちになる方法なのかは不明である。ただ古代ギリシアでもこれと同じ「エツェドリスモス」という名前の球遊びがあるので、長く続けられたようである。

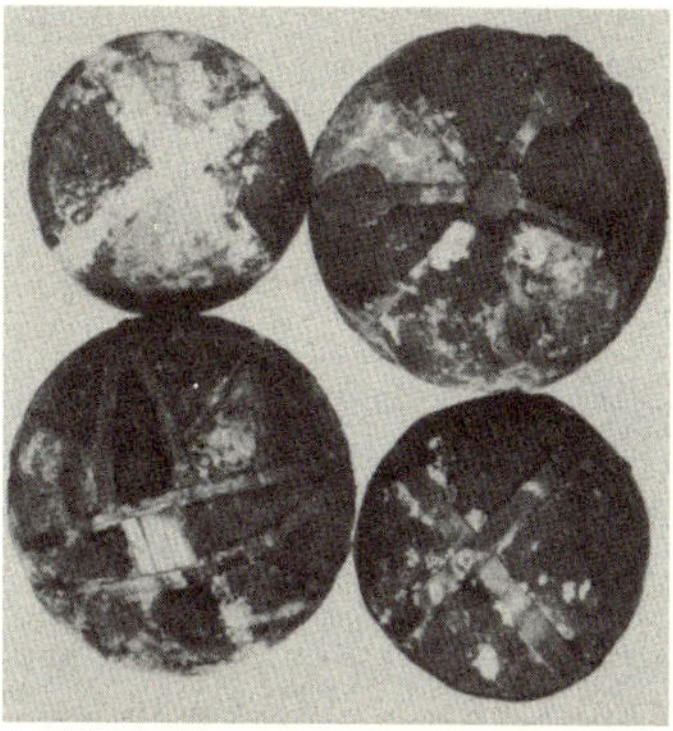
粘土を塗り葦で飾った古代エジプトのボール(『古代エジプトの遊びとスポーツ』)

時代がかなり下った第一八王朝時代の壁画には、ボールは神聖な儀式の用具として描かれている。トトメス三世(在位紀元前一四六八—前一四三六年)がハトホル女神の前に立ち、右手にオリーブの木で作られた杖を持ち、左手にはボールを持っている。他の同じような壁画には二人の神官が傍に描かれているので、デッカーは神官がファラオに球を渡したと推測している。

別の壁画はファラオが棍棒と球を持っていて、棍棒で球を打ち飛ばす様子にもみえる。後代の文書によると、ファラオがボールを打ち放して敵の目を潰し、無力にすることを願う儀式の絵とされている。ボールも祭具であったという壁画であるが、むろん特殊な用法であった。

第一八王朝の別の壁画は、ボール遊びというよりも曲芸に近いものである。ボールを受け

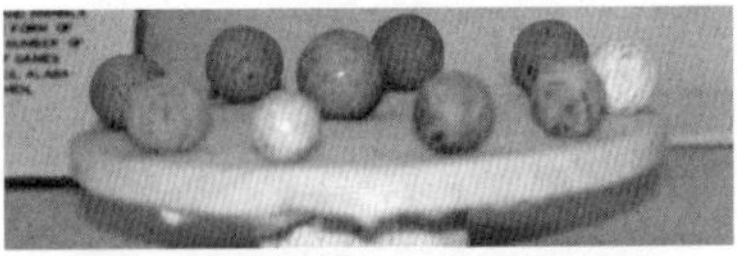
インダス文明の球（カラチ考古学博物館蔵）

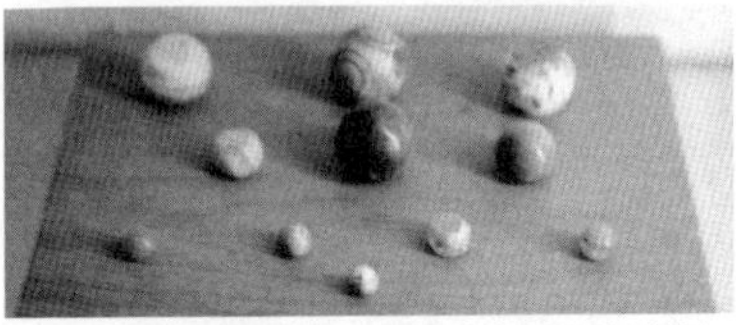
ハラッパ出土の球（カラチ考古学博物館蔵）

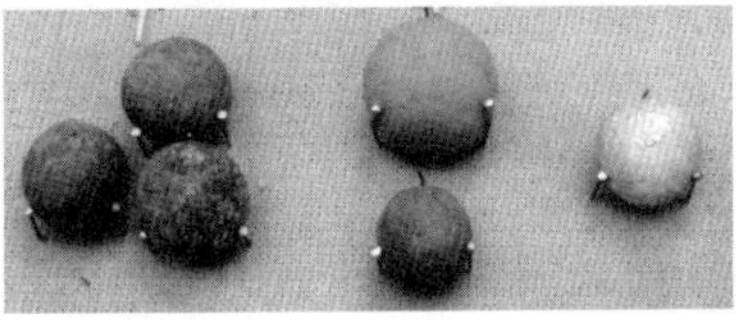
ミノア文明の大理石製とみなされるボール
クレタ島ペトソファ出土（紀元前2000-前1700年、大英博物館蔵）

とる様々な姿態が描かれていて、特に「両腕を交差させてボールを受けとる場面になると、彼女の腕前は一段と冴えを見せ、数世紀後の観客に固唾をのませるほどである」（前同書）。おそらく何かのショーのような催しで演じられたものであろう。

また別のボール遊びの壁画は、「少女三人のグループが二組向かい合っている。グループの両端の少女が一定のリズムで手拍子を打ち、真ん中の少女がそれに合わせてボールを投げ合うのがわかる」（前同書）。デッカーはこの図から遊びのルールを推定して、少女が交代で列から前に出てボールを投げたり受け取ったりする遊びと判断した。しかし、どのように勝

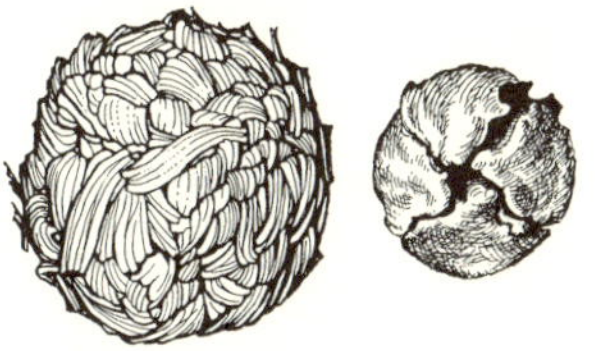

グレコ・ローマン時代のボール（紀元前3-前2世紀、『古代エジプトのスポーツ』）

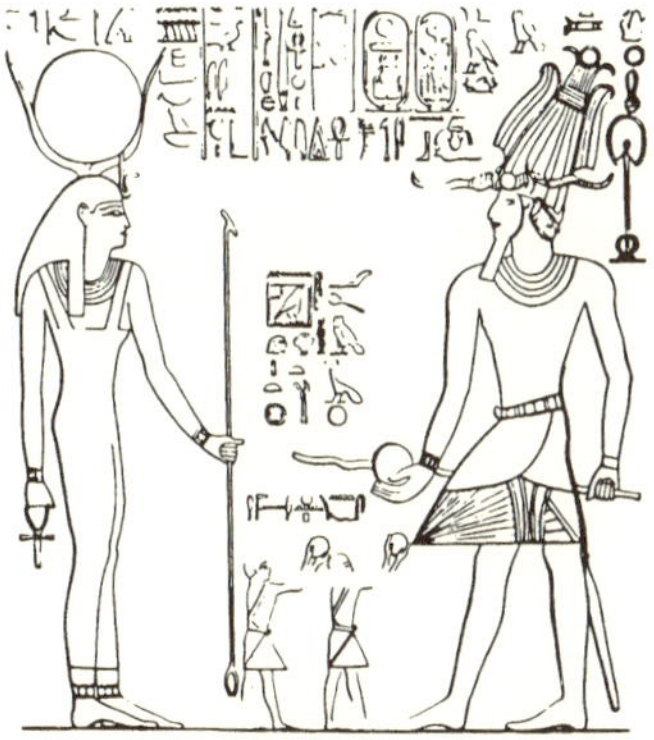

ハトホル女神の前でボールを打つトトメス3世　デイル・エル・バハリ神殿のレリーフ（第18王朝、『古代エジプトの遊びとスポーツ』）

ベニ・ハサンの墓に描かれたボール遊び　王子バクティ３世の墓の壁画（紀元前2000年頃、『古代エジプトのスポーツ』）

ベニ・ハサン17号墓に描かれた騎馬のボール遊び（第11王朝、『古代エジプトの遊びとスポーツ』）

ベニ・ハサンの墓に描かれたボール遊び　ケティ王子の墓の壁画（紀元前2050年頃、『古代エジプトのスポーツ』）

ち負けを決めるのかはまったくわからないとしている。

　これまでの壁画やそれに付けられた説明や碑文などからみて、古代エジプトでは現在のサッカーやラグビーの祖型となる集団での球技や男性だけのボール遊びはおこなわれなかったようである。ボールを蹴るのは宗教上の事情から習慣化しなかったのかもしれない。

　なぜなら第二五王朝時代でも球は祭具として扱われているからである。タハルカ王（在位紀元前六八九―前六六三年）が四個のボールを天空の四つの方向に向けてそれぞれ投げている壁画がある。研究者によると、パピルスに書かれた儀式の呪文があり、それによると王がオシリス神の加護を願って、粘土製の球を東西南北の四方向に投げる所作を表わしているのだという。

古代ギリシアでボール遊びが盛んであったとみなされる根拠は、少なくとも大小三種類のボールが残されているからである。「ハルパストゥム」とよばれているのは今日のゴルフ・ボールのように小さくて堅いものである。なかには毛髪がぎっしり詰められている。「ピラ」はそれよりも大きく、内に羽毛が詰められている。「ホリス」は今日のバスケットボールほどの大きさで、なかは空《から》になっている。

ボール遊びは壺絵に描かれているので明らかである。オックスフォードのアシュモレアン博物館が所蔵している紀元前五世紀の黒絵は、ホリスを使っているゲームが描かれている。一人を肩車した三組の男達、つまり六人が並んでいて、背負われた者はいずれも両手を前に伸ばしている。この三組の前に一人の男が腰かけている。手にボールを持っている。この男がボールを投げて、背負われた者の誰かが受け取る遊びである。

赤絵の壺には三人がボール遊びをしている絵が描かれ、そのうちの一人はボールをドリブルしている。交互にドリブルするのか、どこかにゴールがあるのか不明である。

紀元前六世紀後半のアテネの大理石のレリーフは、ボール遊びをしている絵である。「とても興味深いのは異なった二つのボール・ゲームが描かれていることである。一つは二人のプレーヤーが互いにフィールド・ホッケーに似た杖を持ち、互いにボールを打とうとしている。これらのプレーヤーの両側には二組かもっと多くの組がいて、彼らもそれぞれ自分のホッケーに似た杖を持ち、プレイを交代するために待機している」（ワルド・E・スウィート『古代ギリシアのスポーツとレクリエーション』）。待機中の者達はとてもリラックスしているように描かれ、ボール遊びを楽しんでいる。このホッケーようの遊びにはゴールが描かれていない

ボール遊び　肩車された人がボールを受け取る（『古代ギリシアのスポーツとレクリエーション』）

まりつき（『古代ギリシアのスポーツとレクリエーション』）

ので、どのような遊びか確実なことはわからない。

この大理石の浮彫り以外にも、ボール遊びをしている浮彫りもある。上体を反らせたり両手を挙げている者が描かれているので、現在のバレーボールのようにボールを打ち合う遊びのようである。

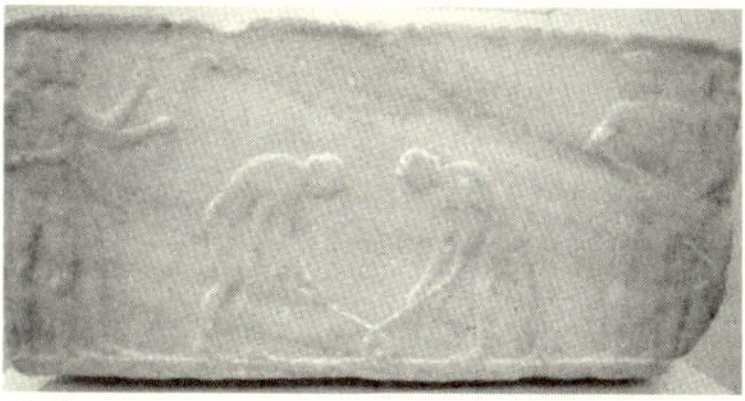
古代ギリシアのボール・ゲーム（紀元前510-前500年、アテネ考古学博物館蔵）

二〇一五年四月から二〇一六年一月まで東京と福岡、神戸で催された「大英博物館展 100のモノが語る世界の歴史」で、インカ帝国時代のボール遊び用の腰帯が展示されていた。説明にはゴムで作ったボールを集団どうしで競技して、ボールをゴールに入れる遊びとしていた。インカ独特のルールでボールは手や足を使わず、腰で受けとめていたという。それで腰を保護するための「ボール遊び用の腰帯」が展示されていた。珍しいボール遊びである。
ただ、図録の説明に「最古のボール遊び」とあるが、前述のように古代中国や古代エジプトで球は遊戯具になっているので、明らかに間違いである。

二　棒と武具

球はもともと狩猟用具であり武器であったが、後に遊戯具になった。棒もまた武器から遊ぶための道具に変化した。

人類の狩猟生活の初期には、手近にあった木の枝を攻撃のためや防具として用いたのであろう。枝を切り払って棒状に作りあげるのにさほどの年月を要しなかったであろう。棒や棍棒が遊び道具として記録されるようになったのは古代エジプトからである。

第五王朝の紀元前二三〇〇年頃のサッカラにある墓の壁画に、「先の尖った棒を使う棒投げ遊びは三例残っている（プタハヘテプ、イドゥ、バクティ三世）。二つの例では、地面にある木片が的らしい。ひょっとすると単に棒を刺す場所のマークかもしれない。プタハヘテプの墓ではすでに二本の棒が交差して刺さっており、二人の少年がそれぞれ両手に尖った棒を握り、投げる構えをしている」（『古代エジプトの遊びとスポーツ』）。

バクティ三世の墓の壁画は、「右側に普通の（投げ棒の）二人グループが描かれ、左側では三人目が来ようとしている。おそらく第一ラウンドの勝者に挑戦するつもりだろう。二つの場景は共に、棒を抜く様子が描かれている。これは刺さっている相手の棒をひっくり返す遊びではないだろうか」(前同書)。相手の棒を引き抜くにしても、最初の段階では目標かなんらかの目印《めじるし》に向かって棒を投げ合ったのであろう。棒投げ遊びはかつての狩猟生活での投げ槍が踏襲されて、そのまま遊びとなったのであろう。

紀元前二〇五〇年頃の第一一王朝のベニ・ハサン第一五号墓の壁画には、前述のように様々な遊びが描かれているが、このなかには棒を持って試合をしている人達も描かれている。

第一八王朝の時代になると棒術が広くおこなわれるようになっていたのか、トトメス三世の立像の前でレスラーと棒術士が試合をしている絵がある。また同王朝のチャタスの墓の壁画にはレスラーの一団が描かれている。その先頭には三人が棒術用の杖を持っていて、同一人物がレスリングと棒術の二種類の競技に出場していたことを示唆している。同時期のケリウスの墓は、パピルスの茎の棒で互いに打ち合っている男達が描かれているが、これは祭典の行事の一つと推定

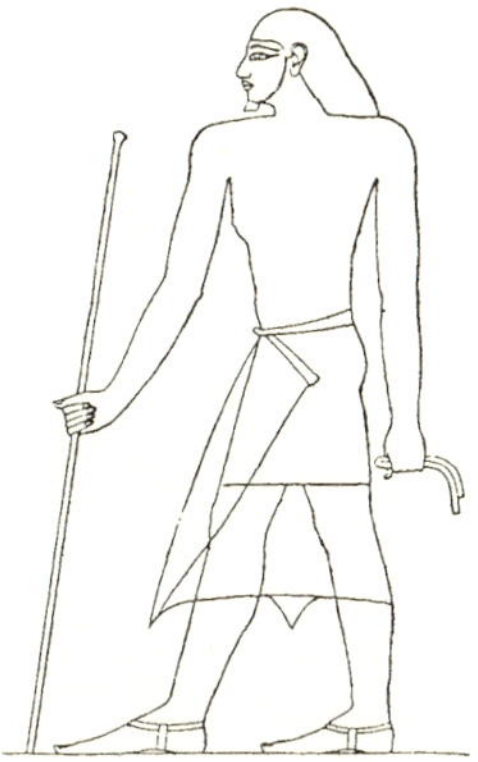
棒を持つ兵士(『古代エジプトの生活』)

棒で遊ぶ少年達（『古代のスポーツとゲーム』）

されている。

「棒術用のストックは何本か現存する。そのいくつかは第一八王朝のツタンカーメン（在位紀元前一三四七—前一三三八年）の墓から出土したもので、全長は約一メートルで、下部の端に棒が斜めにつき、しっかり握れるようになっている。先端に金属を被せて強化したものもある」（前同書）。現物の遺っていることで、壁画の信憑性が確実に裏付けられた。

棒術は古代エジプトで盛んであった。

考古学者W・デッカーは幾つかの型の棒術用の棒があったことを確認している。そのことから棒術の試合の型も幾通りもあったと推測している。試合は開始の前にまず互いの棒を交差させる儀式があり、それから互いに棒で打ち合った。どういう理由か不明であるが、棒を水平にして槍のように相手を突くことは禁じられていたようである。棒を両手に持って打ち合う場合もあり、楯を持ったり顔面を保護するための防具を着ける場合もあったという。

続く第一九王朝の時代にも棒術を描いた壁画が幾つも残っている。ラムセス二世の葬祭で、

「死去したファラオに捧げる棒術やレスリングの試合をした可能性」（前同書）はおおいにあり、それを壁画に描いたのであろうという。その他に大型の帆船に設けられた船室の屋上で二人の棒術士が闘っている珍しい絵もある。航海の安全を祈る儀式の一つであったのかもしれない。第二〇王朝のラムセス三世に拝謁するための広間で、棒術士が試合をしている壁画も残っている。

しかしラムセス三世の時代以降は、棒術は衰退したのか壁画に残されていない。「メディネット・ハブではラ・メス三世（ラムセス三世）を讃える（紀元）前一一六〇年頃の新王国期のレリーフが見つかっている。それは、競技場の屋根付きの特別観覧席と、何組かが棒を持っている十組のレスラーがリングにいる場面を描いている」（ベラ・オリボバ／阿部生雄、髙橋幸一訳『古代のスポーツとゲーム』）。添えられた碑文にはファラオが外国の要人達をもてなした宴とある。

パピルスの茎でフェンシングをする少年達　西テーベにあるフェルエフの墓の壁画（紀元前1370年頃、『古代エジプトのスポーツ』）

エジプトの棒術が受け継がれたのは古代ギリシアであろう。むろん、かなり変化したようである。紀元前五世紀に書かれたギリシアの歴史家の記述は次のようである。

パプレミスでは他の場合と同様に、生贄をささげ祭式を行うが、ここでは日が傾く頃になると、少数の祭司だけが神像の周りで奉仕し、大部分の祭司は棍棒をもって神殿の入口に立つ。それとは別に祈願をする千人を超える人間が、これもおのおの棒を持ち一団となった祭司たちに相対して立つのである。……祈願者の一団は神の味方とばかり祭司たちに打ってかかり、祭司たちもこれに対抗するのである。そこで激しい棍棒の打ち合いが始まり、互いに頭を擲《なぐ》り合い、打傷のため死亡するものも少なくないと思われる。

（ヘロドトス／松平千秋訳『歴史』）

エジプトでは祭典の儀礼の一つになっていた棒術が、ギリシアでは特別な祭礼の際には、集団での激しい暴力の争いになっていたという。ヘロドトスが付け加えているのは、エジプト人のいうところでは死者は一人も出なかった。伝説に基づく行事なので、棒や棍棒を用いても儀礼として手加減して打ち合うので危険ではないとしている。

棒はギリシアの壺絵にもしばしば描かれている。明らかに槍でなく、突起のある狩猟用の棍棒とも異なっている。例えば、ヘクトルの腕を描いたエウスミデス署名のあるアンフォラの絵は、長い棒を持った女性が左右に立っている（ジョン・ボードマン『アルカイック時代のアテネの赤絵』33）。アポローンとアルテミスの絵の裏側に描かれた二人の若者は、ともに長い棒を持っている（前同書・41）。その他にも、棒を持った女神などの壺絵があり、ギリシア社会で棒が多用されていたことを反映している。

棒術士を描いた絵（第20王朝、ルーヴル美術館像、『古代エジプトの遊びとスポーツ』）

現代の我々からみると理解し難いことであるが、ヘロドトスが『歴史』のなかで「殺戮は公的な娯楽の一部であったと思われる」と書いているように、武器を用いた一方的な殺人も武器を手にした決闘も観衆には熱狂できる楽しい娯楽であった。

既にホメーロスの作品のなかで、肉体を競う場合に生死を伴う争いになったことを幾つか紹介したが、残虐な行為を楽しんだのは古代ローマの人達であった。

「前三世紀の中頃から、フォルム・ロマヌムでの見世物用の武闘が頻繁に催された。これらの武闘は、私的個人や、政治的、大衆的支持を得ようとする政治家や軍の指導者たちによって企画され、財政援助を受けていた。この娯楽の主要な源泉は、生命を奪い合う二人の剣闘士の死闘であった」（『古代のスポーツとゲーム』）。

武器を持って互いに闘う血腥《ちなまぐさ》い催しは次第に大規模になり、興行となった。剣闘士が「消耗」して不足するようになると、私営の剣闘士養成所が設置され、訓練して剣闘士を育てた。剣闘士になったのは征服された民族の者やローマ社会では最下層とされる人達であった。養成所の持ち主は祭典の主催者や決闘ショーの興行主に、教育した剣闘士を有料で貸し出していた。

剣闘士による決闘の催しは、古代ローマで紀元前二六四年には僅か三組のみであったが、紀元前二一六年には二二組、紀元前二〇〇年には二五組がおこなわれた。しかし紀元前一八三年には六〇組、紀元前一〇〇年には一〇〇組に急増した。さらに紀元前六五年には四三二九組を数えた。約二〇〇年で一四〇〇倍である。紀元前一世紀以降、いかに民衆の娯楽として人気があり、為政者がそれに応じ、流血の催しを助長させたかがわかる。剣闘士達も甘んじて死を待つのではなかった。スパルタクスの反乱は有名な史実である。

人類が最も初期の時代から生きるために手にした棒は、単純な狩猟用具であり武器であったが、遊びのためにも用いられるようになった。投げ棒として使われたり、打ち合うための道具であった。華麗な棒さばきは祭典の催し物の一つになった。

古代ローマの為政者は明白な武器である剣を観衆を喜ばす道具に変えた。決闘は観衆にとって娯楽であり、観る楽しみであった。狩猟用具や武器が遊戯具に変化したのが通常であるが、遊戯具から武器に戻った唯一の道具が棒であり槍や棍棒や剣という武具である。

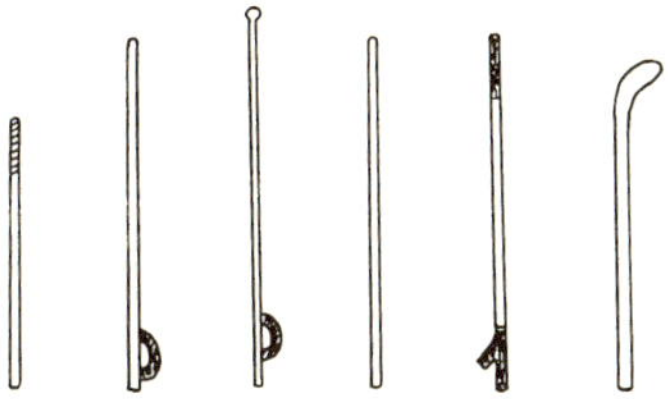

棒術用のさまざまな棒（『古代エジプトの遊びとスポーツ』）

三　射的

人類のすばらしい発明品である弓は、狩猟用具として特に密林のなかで獲物を狙うのに適していたのであろう。

重宝な道具として弓矢は洞窟のなかの壁画や岩絵に古くから描かれた。例えば新石器時代のタッシリアの岩絵には弓矢を持って走る数人の男達が描かれ、南アフリカの岩絵は、狩人達の祝典か儀式なのか不明であるが、弓矢を持った人達が描かれている。アフリカだけでなくインドの岩絵にも弓矢がある。約一万年前のピムベトカ遺跡には戦闘の場面が描かれている。戦士達は刀や槍と共に弓矢も持っている。

弓は人間の知恵と発想が同様だったためか、各地で独自に考案されたようである。狩猟に使っているうちに自然発生的に誰が巧みに的に当てるか、誰が遠くまで矢を飛ばすのかを競うようになったのであろう。

弓は狩猟用具であるが、特殊な場合には娯楽用具にもなった。古代メソポタミアで「王の娯楽」として獅子狩りが催された。獅子は輸入されて、王の楽しみのために飼われていたという。獅子狩りの浮彫りは多数残されていてきわめて写実的で優れた作品が多い。「手に持った弓で矢を引きしぼり、ライオンに決定的な打撃を与えるために近接する王」(ベルリン国立博物館編『西南アジア博物館』)もその一例で、秀でた芸術家の作品である。

射的についての詳細な情報は古代エジプトの豊富な資料から得られる。古王国時代末期のリシュト出土の石板には、矢が命中した標柱が描かれている。「エジプトの象形文字ヒエログラフでは、「兵士」は、伸ばした左手に弓を、右手に矢を腕を曲げて持っているひざまずいた男で示している」（A・D・トゥニー、ステフェン・ヴェニヒ／滝口宏、伊藤順蔵訳『古代エジプトのスポーツ』）ように、古代エジプトの軍隊は早い時期から弓部隊を編成していた。それゆえ石板の絵は、弓部隊が常に射的の訓練をしていた証拠とする研究者もいる。

第一八王朝時代に軍隊の弓は新兵器と呼ばれるほどの改良がなされた。これは弓の断面をみると、一つの弓のなかにもう一つの弓が入っているようにみえる、複合弓という複雑な製法であるが、従来の弓より貫通力が強く命中の精度も高くなった。実物はツタンカーメンの墓から三ダースも発見されている、大型と小型の二種類の弓であった。

歴代の王が強健な身体の持ち主であることが讃えられたように、射的の腕前も誇張されて崇められた。王を讃える碑文には次のように記されている。

木（の板）ではすべてパピルスのごとく射抜かれるため、彼が射るのは銅の延べ板である。陛下はアメン神殿で模範を示された。しかも指三本（幅）の厚さに鍛えた銅製の（標）的に。王の矢が命中すると、矢はそれを貫いた。その時に彼は、子孫たちが勇気と力量ある彼の腕力を願うように、矢が手の幅の三つ分、的を貫くようにされた。（『古代エジプトの遊びとスポーツ』）

ありえない話であるが、王の強肩は語り継がれたのであろう。第一八王朝のトトメス三世は、自分の息子に弓を習わせている。「若い王子の弓術の師にティスの州侯ミンを選び、ミンは自分が受けた大いなる栄誉をおのれの墓に永遠に記録した。自分がアメンヘテプ少年に弓術の稽古をつけている様子を、王子と共に浮彫りに描かせたのだ」(前同書)。よほど嬉しくかつ名誉に思ったのであろう。

この薫陶の甲斐があったのか、若い王子は後にファラオになり、アメンヘテプ二世と称した。これもまた弓の名手として大袈裟な文言で讃えられている。スフィンクスの石碑にある

神の指導による弓の訓練をするトトメス3世（『古代エジプトのスポーツ』）

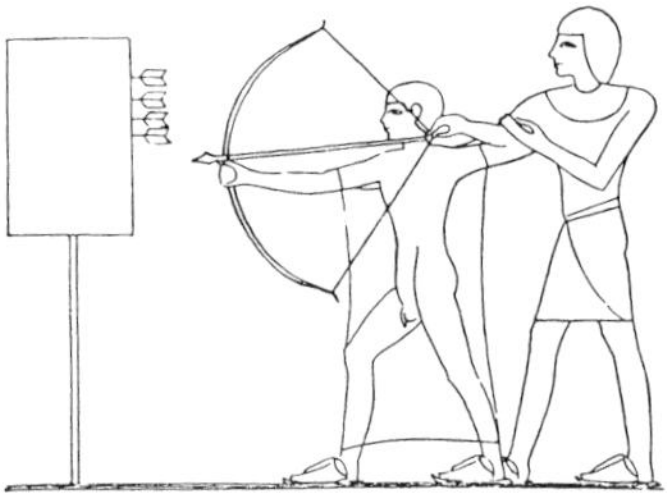

アメンヘテプ2世に弓を教えるミン（『古代エジプトの遊びとスポーツ』）

銘文には、三〇〇張《はり》の弓に弦を張って検分し、弓の作者の良し悪しを判断できたとか、一〇メートルおきに並べられた的を四本の矢をひとつかみにして一度に放ち、それぞれの的に同時に命中させることができたなどである。弓の名手であることはファラオの権威をさらに際立たせた。

射的競技を好んだアメンヘテプ二世は、大規模な競技会を催して、自分と同じような好成績を収めた者には特別な賞品を与えると述べている。このファラオや次のトトメス四世（在位紀元前一四一二—前一四〇二年）は、同じような構図の戦車の上で弓をひきしぼっている浮彫りが残っている。古代エジプトの壁画は、射弓については僅かにベニ・ハサン墓群のうちのケティ王子の壁画に描かれているものの、庶民の弓をひく図ははなはだ乏しい。弓はファラオ専用の権威の象徴とされていたからであろうか。

古代ギリシアの弓矢の記述は豊富である。狩猟ではなく戦車競走が数多くおこなわれ、弓は競技にも用いられたからである。

古代文芸で弓について最も有名な記述は、ホメーロスの『オデュッセイアー』の終わりに近い部分にでてくる物語である。神々の命で遠い地への放浪を余儀なくされた留守中にオデュッセウスの妻に多くの求婚者がつめかけ、長期に還らぬ夫は死んだと諦め、各々が自分の妻になれと迫る。ところがオデュッセウスの帰還を知らなかったペーネロペイアは、求婚者達に弓の競技で婚約者を決めてはどうかと提案する。

つまりは気高いオデュッセウスの、巨《おお》きな弓を置いておきます。誰にもせよ、いちばん容易《たやす》くこの弓を掌《てのひら》にして弓弦《ゆづる》を張る者、そうして皆で十二あるこの斧を、のこらず射通しなさった方《かた》。そのお方に付き随って、この家を去ってまいりましょう。(ホメーロス／呉茂一訳『オデュッセイアー』)

結局、どの求婚者もオデュッセウスの愛用の弓があまりにも強いため、誰一人弓を張ることができなかった。

この時、アポローン神により乞食のような姿で帰館できたオデュッセウスが、いとも容易に自分の弓に弦を張った。

その一本(の矢)を弓の真央《まなか》の継手にかけると、弓弦《ゆづる》と鏃《やじり》とを引き絞り、そのままそこの小椅子の上に坐ったなり、矢を放った。

まっすぐ狙いをつけ、こうして(並んだ)斧を一つ残らず誤たずに、いちばん手前の斧の柄から、まっすぐ穴を射通して向うへ出た。(前同書)

一二個ならんだ斧の刃に付いている穴を一本の矢ですべて貫き通した。非凡な熟練の技である。強力で比類のない射手であることは英雄の典型であったのだろう。

古代ギリシアの軍隊では軍事教練として、「投石器による石投げと弓で射る射的が重要視され、小枝の高さを目標にして六〇〇フィートほどの印を的にして、矢か投石で当てる訓練がおこなわれた」(『古代ギリシアのスポーツとレクリエーション』)。射的は大切な軍事訓練であった。

黒海のメンデレス川沿いのギリシアの植民地ミレトスから発掘された碑文にも、デマゴラスの息子アナクサゴラスの射手としての栄光を讃える文言が刻まれ、弓の名手は常に英雄であった。

当然であるが、ギリシアの壺絵にも弓を持った人物などが描かれ、例えば紀元前四六〇年頃の作品は、弓をつがえて今にも相手を射ようとするアルテミスとアクタイオンの絵やアルテミスとアポローンが矢を射る図などがある。「遠矢を射たまうアポローン神を祈って」(ホメーロス/呉茂一訳『イーリアス』)のようにアポローンは弓術の神としても描かれている。

弓の発明によって人類の遊びは、単純な肉体の競べ合いから熟練を必要とする遊びへと範囲が広がった。努力を比べ合うという新しい分野が加わったといえる。

四　戦車競走

古代社会の最も熟練を要した娯楽は戦車競走であった。馭者の手綱《たづな》さばきの熟達というだけでなく、戦車といっても馬に牽かす二輪車または四輪車であるが、製作や整備にも職人の技が試された。

戦車を考案するに至るまでに人類は長い年月を費やした。馬を家畜として飼育できるようになるためと車輪の発明が必要であった。球形や円形が物体を転がすのに容易な形であることは、遥か遠い時代から知っていたのであろうが、車輪を思いつくまでには長い年月を要したのであろう。二つの車輪をつなぐ車軸の発想もたやすいことではなかったであろう。車体を完成させたにしても、動物に牽かすためには様々な工夫が必要だったと思える。

知恵の結晶といえる戦車を完成させたのはさほど古い時代ではない。「戦車は、紀元前四〇〇〇年紀末にまで遡る最も初期の絵文字に示されているように、最初にシュメールで造られた。車輛を牽引するために造られた動滑部は四つの堅固な車輪に変わった」（『古代のスポーツとゲーム』）という。遅くとも紀元前四〇〇〇年頃には戦車は製造されていたという。当初は四輪だったのだろう。

最初の頃の戦車は、馬よりもはやい時代に家畜となった牛や大型驢馬《ろば》であるオナジャーに牽かせていて、王の権威を示す乗用車であったのだろう。後に馬に牽かすことで速度も増し、戦争に使われるようになった。

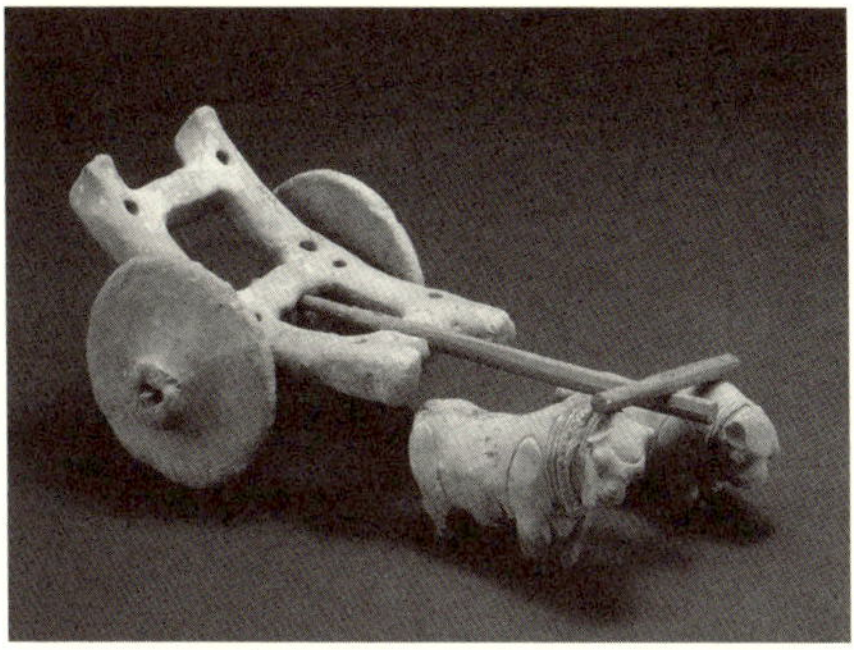
テラコッタの荷車のミニチュア　アッシリア出土（紀元前3000年紀後半）

メソポタミアのテル・アグラ遺跡から出土した青銅像は紀元前四〇〇〇年紀の終わり頃の作とされているが、四頭立ての戦車である。戦車のミニチュアとしては最も古い時代のものである。ベルリンの西南アジア博物館が所蔵しているのは、紀元前三〇〇〇年頃の粘土で作られた戦車の車体二個である。一個は四輪でもう一つは二輪車である。軽量で速度の速い二輪車もこの頃には考案されていた。
都市国家ウルの王宮から発掘された有名な「ウルのスタンダード」にも戦車が描かれている。すべて四輪の車体であるが、車輪は木の円い板である。二枚の半円板をつなぎ留めている。二頭の馬に牽かせている二人乗りである。円板の車輪ではさほど速くはなかったであろう。紀元前二四〇〇年頃のアッカド帝国の印章にも四輪の戦車が描かれている。

紀元前一八世紀頃のヒッタイトの碑文には、アニッタ王が一四〇〇人の歩兵と四〇台の戦車を率いて遠征したと記されている。戦車に乗っていたのは部隊を指揮する将軍達であろう。クレタ島のクノッソス新宮殿(紀元前一七〇〇—前一四〇〇年頃)の壁画には、猪狩りに向かう二人の女性が描かれている。彼女達が乗っているのは馬に牽かせた二輪車である。これに付けられた車輪は、輻《や》(スポーク)が四本描かれている。おそらく紀元前二〇〇〇年頃から戦車には四本の輻がある車輪が使用されるようになっていたのだろう。車輪の軽量化と二輪車で速度も飛躍的に増大した。戦車は実戦での強力な武器になった。

四本輻の車輪を装備した二輪の戦車は、疾走するだけでなく敏捷に方向転換もできたのであろう。シリアのラス・シャマラ遺跡で発見された円盤に描かれている浮彫りには、二輪の戦車を独りで馭し、手綱を腰にくくりつけ、手に弓を持って矢を射ようとする戦士が描かれている。戦車は奇襲攻撃にも用いられたのであろう。

四本輻二輪の戦車は重用された。ミュケナイの紀元前一五八〇年頃の貴族の墓石に彫られた戦車も四本輻の車輪である。同時期のヴァフェイオの墓から発見された浮彫りも、二頭立ての戦車で四本輻の車輪である。この頃と以降は、戦車は馭者と戦士の二人乗りで、戦士は走行しながら矢を射るようになっていた。

紀元前一四世紀中頃のエジプトのツタンカーメンの墓からは戦車の実物が発見されている。王の乗物であるゆえか、車輪の輻は六本である。しかし第一八王朝時代は未だ四本輻が一般的で、アメンヘテプ二世が戦車の上から矢を射る図は四本輻の車輪である。フィレンツェの考古学博物館にある第一八王朝時代の私人の墓から発見された実物の戦車も、四本輻の車輪を付けていた。メンケペレソネプの墓に描かれているのは珍しい車大工の作業をしている壁画である。三個の車輪はいずれも四本輻になっている。第一九王朝のセティ一世の乗っている戦車も四本輻なので、この型の車輪はかなり長く使われたようである。

すぐれた戦車の構造（第18王朝、『古代エジプトの遊びとスポーツ』）

紀元前一二七〇年頃の有名なカディシュの戦いで、エジプト軍に対してヒッタイト軍は一万七〇〇〇人の歩兵と三五〇〇台の戦車で侵攻

6本のスポークのある戦車　セティ1世の戦い（『古代エジプトの生活』）

したという。ラムセス二世（在位紀元前一二九〇—前一二二四年）の建設したアブシンベル神殿の壁画には、ヒッタイト軍を迎え撃ったエジプト軍の戦いの様子が描かれている。エジプト軍も大量の兵士と戦車を投入した。戦車は軍隊の重要な装備になっていた。

精巧な戦車を大量生産し、戦車が広く使用され狩猟にも常に使われていたにもかかわらず、戦車の速さを比べる遊びは記録されていない。「エジプトには戦車競走の存在を示す証拠がないのはまさに驚きである」（『古代エジプトの遊びとスポーツ』）。前述のようにクレタ島では戦車競走はおこなわれていた。なぜエジプトで、平時の馬車による遠乗りや戦車を走らせている壁画が多いのに、戦車競走がおこなわれなかったのかは謎である。

戦車を開発し多用したのは中近東やエジプトだけではなかった。創造の才能に恵まれたインドの人々も独自に戦車を考案していた。

新石器時代の最も初期の岩絵に、インドでは荷車が描かれている。インド南部のクリシュナ川中流のマスキ遺跡には、家畜にしたばかりの多数の動物が描かれている。背中にこぶがあり長い二本の角を持っているので、こぶ牛とみなされる。そこには踊っているような姿の人間と共に「雄牛に牽かせた荷車」が描かれている。八本のスポークのある大きな車輪の絵もある。

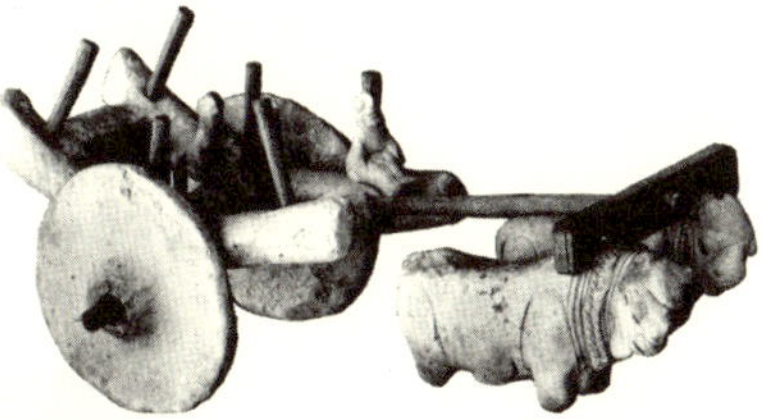
テラコッタの荷車の模型　モヘンジョ・ダロ出土
(『モヘンジョ・ダロ——インダス文明の廃墟』)

インダス文明の都市モヘンジョ・ダロからはテラコッタ（素焼き土器）の牛に牽かせた車のミニチュアが出土している。やや反った荷車の上に杭跡も含めると一〇本の長い柱がある。荷台を覆う設備か小屋のような構造物であろう。二輪車であるがテラコッタのため車輪は木製なのかスポークは確認できない。この説明は「平坦な地を旅する時は雄牛の二輪車であったことは、テラコッタが明らかな証拠である」（ブリードゲット、レイモンド・アルチン『インドとパキスタンにおける文明の曙』）と述べている。

ムンバイのプリンス・オブ・ウェールズ博物館にはダイアバット遺跡から発見された青銅製の戦車のミニチュアがある。「二頭立ての雄牛に牽かせた戦車で、銅の車軸と車輪である。駆者は立ったままで操作していた」（前同書）。この他にも紀元前二〇〇〇年紀のイナムガオン遺跡には戦車の簡単な絵が彫られている。二頭のこぶ牛に牽かせた二輪車である。牛の飼育が盛んなインドなので、速度が遅くても耐久力のある牛が戦車や荷車に使われたのであろう。

戦車と戦車競走に関する文献資料もインドには伝えられている。

インダス文明を築いた人々と直接のつながりはないのであろうが、古代インドの軍制には戦車が重要な役割を担っていた。紀元前一二〇〇年から同一〇〇〇年頃までに成立した賛歌『リグ・ヴェーダ』のなかには戦車について述べられた記述が多い。「神馬の歌」には、

駿足もて〔獲物を〕貪り求め、知識を望む者のごとく勇敢にして、〔敵の〕戦車を追い越し、風のごとく突進する〔駿馬〕（辻直四郎訳『リグ・ヴェーダ讃歌』）

とある。

この時代には速度と機動性から馬に戦車を牽かすようになっていた。他の個所でも戦闘の一場面を描写していて、「彼は戦車の列を従えて襲いかかる」などとある。

別の名前の神馬を讃える歌には、「かの名高き〔馬〕、勝利の賞に富み・神々に激励せられ勇躍し・戦車〔競走〕に勝利を博し、完全なる車網《しやもう》を有し、戦闘に駆らるる駿足・タールク

シアを、われら願わくは、安寧のためここに呼ばんことを」（前同書）とある。戦車は戦闘にも戦車競走にも用いられていた。

紀元前一〇〇〇年頃に成立した賛歌『アタルヴァ・ヴェーダ』にも、「われはあたかも競走する戦車のごとく前進する」（辻直四郎訳『アタルヴァ・ヴェーダ讃歌――古代インドの呪法』）とあり、「立ち上がれ、進め、走れ、よき車輪・よき車網《しやもう》・よき轂《こしき》をもつ車〔のごとくに〕、確乎《かつこ》として直立せよ」（前同書）ともある。

特定の名前を持つ神馬も幾つか挙げられているので、戦車は広く用いられていたのであろう。

人類の大きな発明の一つである車輪は、様々に組み合わされた構造を持つ戦車の考案までなされるようになった。戦車競走は馭者にとっても観衆にとっても楽しみになった。射的よりもさらに複雑な熟練を要する戦車競走は、その操作の難しさのゆえに長く人気を博したのであろう。

五　戦車競走と騎乗

戦車競走を熱狂的に愛好したのは古代ギリシアの人達であろう。

ホメーロスの作品には、戦闘で戦死したパトロクロスを悼む葬送儀礼として各種の競技会が催されたことを述べている。戦車競走も慣例となっていた。メネラーオスとアンティロコスの戦車競走で危険な接触がなされることを察知して、アトレウスの子が次のように叫んでいる。

アンティロコス、無分別な追い方をする。馬を控えろ。路は狭間《はざま》だ。直《じ》きにもっと広いところで追い越せようが。うっかり車をぶつけて、両方ともぶち毀しなどせぬようにしろ。（『イーリアス』）

ギリシアの戦車競走は常に危険を伴う競技だった。この例としてソフォクレスは戦車競走を観戦していたのか迫真の描写を残している。アテネおよび他の都市から参加した一〇台の戦車競走である。くじ引きで出発点の位置が決まる。

鳴り響くトランペットの音によって彼らは突進した。馭者は直線コースで馬に叫び、手綱を鞭にして馬を打った。走路全体が戦車のがたがたという音で満ち、砂埃が舞い上がった。（観衆からの）激励をうけて、戦車は混りあって一団となり、互いに相手の鼻息の荒い馬を追い越そうとした。馬は泡をふき、背中は汗にまみれた。

六番目の回転点の塔の処に達すると、馬は棒立ちのようになって回り込もうとした。その時にアイネイアスの馬の歯の間にある馬銜《はみ》が緩んで飛び出した。馬は走路をそれて（戦車は）リビアの戦車の先端部に当たってそれを壊した。それでリビアの戦車も走路をはずれた。この一つの不運は次々に衝突を惹き起こした。戦車は難破船のようになった。

これを見たアテネの熟練した馭者は、このような事態が再びおきないように、なるべく他の戦車から離れて走路の中央に出た。オレステスの馭者も追いつき、馬の耳に鋭い叫びの合図を送った。二つの戦車はどちらも先頭に並んだ。

最後の回転でオレステスの戦車は左の手綱がゆるんだ。馭者は判断を誤った。戦車は回転塔の端に衝突した。車軸は折れ、車体は横滑りした。手綱は切れ、馭者は地面に落ちた。（『古代ギリシアのスポーツとレクリエーション』）

当時のギリシアの戦車競走は直線距離を一二回走る規定で、折り返し地点に目印か台や塔が置かれていた。

「他の競技と異なり、富豪の参加は制限された」（前同書）という。弱少都市では優秀な馬や精巧な戦車が用意できなかったからか、またはそれらの戦車の馭者は下層民で十分な教育を受けられなかったからだという。要するに戦車競走は富裕層に有利とされていたからであろう。優勝した賞品や栄誉は馭者でなく馬と戦車の持ち主に与えられることになっていた。

戦車競走は二頭立てと四頭立ての二種類があり、壺絵には両方の種類が描かれている。大英博物館蔵のアンフォラに描かれたのは四頭立ての戦車で、フィレンツェ考古学博物館所蔵の紀元前五七五年から同五五五年のクレイティアス作の壺絵は二頭立てになっている。

戦車競走は人気が高かったからか、紀元前六八〇年にオリンピアの祭典の正式種目に採用された。紀元前五〇〇年からは騾馬《らば》が牽く車の競走もおこなわれたが、紀元前四四四年に廃止された。また二人乗りのカルペという戦車競走も紀元前四九六年に始められたが、これも紀元前四四四年に廃止された。

ギリシアの慣習を受け継いだ古代ローマでは戦車競走は一層盛んになり、観衆を魅了した。

「もはや戦車は軍事目的に用いられることはなくなった。ローマ文化において戦車は至高神ユピテルの属性物であり、戦車競走は宗教儀礼の一部であった」(『古代のスポーツとゲーム』)。しばしば戦車に乗ったユピテル(ジュピター)が描かれ、最高神の乗物であったので宗教儀礼とされた。しかし、戦車の本性は戦争用具であったために軍神マルスとの関わりが深く、マルスを讃えるための戦車競走が毎年三月に催されるようになった。

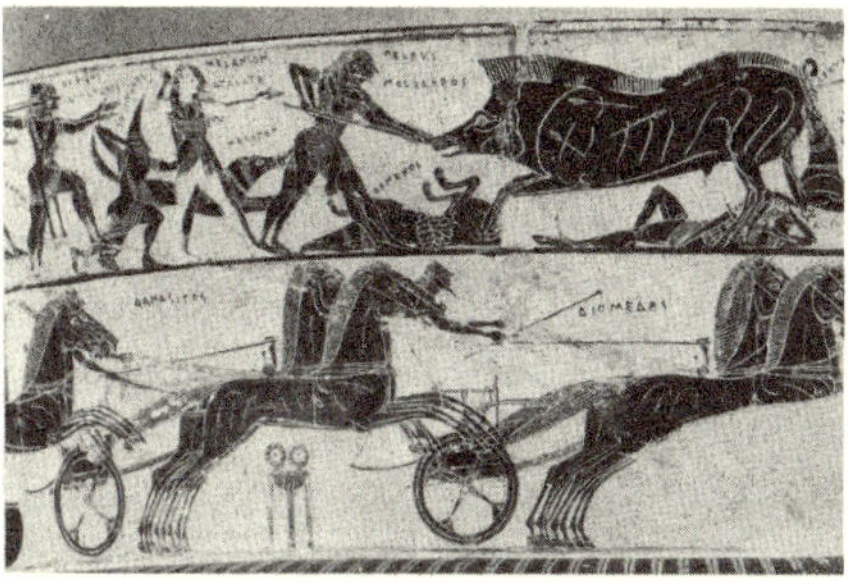
黒絵の壺に描かれた戦車競走(紀元前6世紀、フィレンツェ考古学博物館蔵、『アテネの黒絵の壺』)

ローマ時代の戦車競走は、映画『ベン・ハー』で広く知られているが、戦車競走のための競技場も整備された。キルクスとよばれてサーカスの語源になったという説もある。キルクスでは二頭立てと四頭立ての両方の戦車競走がおこなわれた。折り返し地点には三本の円柱があり、ここを廻って走る規定になっていた。転回点は操作が難しく事故が多発した。ローマ時代の浮彫りにも戦車競走で衝突し、転倒した馬が描かれている。

ローマの戦車競走は、観衆を喜ばすために六頭立てや一〇頭立ての戦車競走もおこなわれた。二頭立てや四頭立ての戦車の場合に、各戦車の持ち主がわかるように厩舎ごとの目印を付けて走るようになった。レースの回数も次第に多くなり、一日に一〇レースも催されるようになった。熱狂した観衆の要望によるものなのか一日に二四レースもおこなわれたことがあったという。

戦車競走は優秀な馬を揃え、精巧で軽量な戦車を使う贅沢な競技であった。観客は勝負を楽しむと同時に勝敗に賭けていたのであろう。むろん馭者にとっては体力、判断力、瞬発力、持久力を試される苛酷な肉体競技であった。用具を使う競技として最も大規模な催しであった。

戦車競走に比べて騎乗の競馬は実用化がかなり遅れたようである。

馬が家畜化されたのは紀元前五〇〇〇年紀とされているが、騎乗するようになったのはいつ頃からなのか不詳である。騎乗の記録は戦車よりかなり新しく、紀元前二〇〇〇年頃にヒッタイトで作られた馬の調教法の記述が残されている。「キックリの手引書」と後に名付けられたもので、これが源になって紀元前一二〇〇年頃のヒッタイト帝国末期に「キックリの手引書」を補足修正した馬の訓練法を記した書物が完成した。馬を制御するのは難しかったのであろう。

同じ紀元前一二〇〇年頃のシリアのテル・ハラフ遺跡で出土した石板がある。これには騎兵の浮彫りが描かれ、騎兵に関する資料としては最も古い時代に属する。この騎兵は鞍のない裸馬にまたがり、鐙《あぶみ》もなく靴をはかず裸足で乗っている。

シリアや小アジアでは騎乗が習熟されるようになると、軍事面で次第に重用されはじめた。戦車より遥かに速く旋回も容易だったからである。しかし馬上からの騎射は、戦車の上からの騎射よりかなり劣っていたのであろう。戦車には馭者が別に乗っていて戦士は射ることに専念できたからである。「メソポタミアでは、この変化は、乗馬する者が戦車の間に散発的に描かれるようになる紀元前九世紀まで（騎兵隊が）完成することはなかったように思われる」（前同書）。

乗馬はかなりな期間は裸馬だったので「乗馬が危険な企てであるとみなさ

裸馬を馭す、冑をつけ楯を持つ裸足の兵士（紀元前1300-前1000年、『古代のスポーツとゲーム』）

酒器に描かれた競馬（紀元前575年頃、『古代のスポーツとゲーム』）

れていた事実は、バビロニアの王に対して彼の家臣が王の安全を守るため、馬に乗らぬように助言したことから明瞭である」（前同書）。戦車より騎兵の普及が遅れたのは、乗馬が危険視されていたからである。

ようやく紀元前七世紀になって、ペルシア帝国では兵制のなかで騎兵が登場する。轡《くつわ》や鞍が考案され、騎乗や馬の制御が容易になったからであろう。ペルシア帝国は道路網の整備もおこない、「王の街道」とよばれる主要幹線道路には一定の間隔で宿駅も設置された。至急の連絡には乗馬が使用されたのであろう。

紀元前六世紀になると、ギリシアでも乗馬が広くおこなわれるようになった。フィレンツェ考古学博物館所蔵の紀元前五七五年頃の円筒形混酒器には、騎乗した複数の人物が描かれている。前六世紀のアッティカの壺には、「競馬で勝利をおさめた後で、正装して表彰式にのぞむ若い騎手、裸体の青年が賞品（かなえと勝冠）を運んでいる」（前同書）という説明が付けられている。

紀元前五〇〇年から同四八〇年頃のアンフォラに描かれた絵は、絵師エウカリデスの作品である。パンアテナイア祭での競馬が描かれている。先頭の騎手は先端が二つに分かれた鞭を振り上げている。他の紀元前五世紀末のアンフォラに描かれた絵は、騎手が駆けながら走路の傍に立てられた円形の的に向かって槍を投げている。先頭の騎手はみごとに槍を命中させ、続く騎手も槍を投げようとかまえている。このような競技もおこなわれていた。

競馬は古代社会で次第に人気を得た。馬を知り、扱うことに熟練を要したのであろうが、現代にまで続く競馬は、騎手の才能と観衆の期待に応える興味深い競技であった。

六　その他

ものを使って身体的能力を競い合う遊びの一つに、輪廻しがある。車輪から考えだされたのか古代ギリシアで盛んにおこなわれた。

輪廻し(『古代ギリシアのスポーツとレクリエーション』)

輪廻しをするガニメデを描いた壺絵(『古代のスポーツとゲーム』)

輪は大小幾つかの型があり、「大きいサイズの輪は若者及び成人男性に限られたものであり、(輪を回し)持ち続けるのは体調に良いと推奨された。……ギリシア発祥の(輪廻しの)輪は青銅製で直径が八〇、九〇センチ〜一三〇センチと比較的大きい。それを転がして細い棒で持って支える」(国立博物館連合編・マルセイユ博物館図録/藤田緑訳『古代の遊び』)。

輪の形は時代によって異なり、湾曲した変形型や車輪のように輻の付いているもの、内部にさらにもう一つ小さい輪が入っているものなどが現われた。ルーヴル美術館蔵の輪廻しを描いた壺絵は紀元前五世紀の初期の作品なので、この頃には流行していたのであろう。ボストン美術館蔵のゼウスとガニメデを描いた壺絵も紀元前五世紀のもので、輪廻しである。オックスフォードのアシュモレアン博物館蔵の壺絵は珍しい二重の輪になっている。輪廻しは他にも遊びが考案されたからか、ギリシア時代以後はさほど遊ばれなかったようである。

ものを使うという点で妥当かどうか判断が分かれるが、オリンピアの祭典では裸での競走とは別に、兵士の重武装のままの競走も付け加えられた。甲冑《かっちゅう》競走とも呼ばれていた。

元来が実戦に即したものなので、古くから各地方でおこなわれていて起源にも諸説がある。都市国家エレアンスと都市国家ディメが戦争した時に、エレアンスが勝利したのでこれを告げるために、武装したまま兵士が大勢の観衆のいる競技場に走り込んだのが始まりという。しかし同じ伝説はデルフィにもあり、フォキスの都市に勝った時の話であったり、スパルタの話ともいわれている。いずれの地にも共通しているのは、オリンピアの祭典の期間は休戦にするというのが歓迎されたと伝えられていることである。

「ボイオティアのプラタイアで催される重武装競走が最も有名であった。走る距離の長さからみても、足までとどく長い武器を持ち、実際の戦闘で付ける防御具からみても（最も厳しい）催しであった。多くの競技者は野蛮なことと思うだろうが、それはペルシアとの戦いの追憶の儀式であり、プラタイア人の遠い過去に結びつく重要な行事であった」（『古代ギリシアのスポーツとレクリエーション』）。

苛酷な競走であったのだろうが、走者にも観衆にも人気があった。強健を尚ぶギリシア人らしい競技ともいえる。

大小およそ一五〇〇の島からなるといわれるギリシアでは、古代から舟による移動や旅行は日常のことであった。ホメーロスの『オデュッセイアー』にも船や航海の記述が多い。これには「ローレライの伝説」の源となった挿話もあり、これを描いた壺絵は広く知られている。

しかし競漕に関する記述は見当たらない。唯一ともいえる資料は紀元前四世紀の碑文である。四年に一度催される「女神アテナイの祭典でボートレースが催され、優勝者には賞品として雄牛三頭と三〇〇ドラクマの貨幣に二〇〇食分の自由な食事が与えられた」（前同書）という。三段の櫂《かい》のある船や四段の櫂のある大型船の競漕もおこなわれた、と記している書物もあるが詳細は不明である。

これもまた、ものによる身体的競技とは異なるかもしれないが、前述の亀井氏によるピグミーのバカ族の子供の遊びは、ものを用いる原始的な遊びといえる。彼らは互いに競い合うことはしないが、遊ぶ楽しみを豊富に持っている。

一つの例は、子供達は大人の作業を真似て小動物を捕えるわなを作ることができる。わなの「しかけができあがった直後に自分の手で跳ね上げ、すぐに破損する遊びに移行することの方が多い」（亀井伸孝『森の小さな〈ハンター〉たち――狩猟採集民の子どもの民族誌』）。わなが跳ね上がるのと自分達の身体の跳躍とを連動させているのであろう。ものと身体的能力との統合といえるかもしれない。

亀井氏はバカ族の子供達の狩猟に関連した遊びを記している。前同書から引用すると、

弓矢　トカゲ狩り、クモ狩り、バナナ幹（仮茎）の射的、ヤウティア茎の射的、標的なく矢を放つ。

やり　パパイヤの果実の射的、犬を連れたやり猟ごっこ。

投石　トカゲ狩り、パチンコ　標的なく小石を飛ばす、わな　作ってすぐ壊す、棒　トカゲ狩り、素手　トカゲ狩り。

「標的なく小石を飛ばす」はブッシュマンの子供達が競い合うことなく棒を投げるのと同

じであろう。
この他には、蔓にぶら下がったり、ぶらんこのように蔓に摑まったまま揺らしたりなどの遊びもおこなっていたのであろう。ものを使う遊びは豊富であり、ものそのものが次第に複雑な構造物になったのが、古代ギリシアの例であろう。

具体的に単純なものを使って身体的能力を競う遊びは、スチュアート・キューリンが調査したアメリカ・インディアンの遊びに多くみられる。

ワシントン州に住むコルヴィレ族が遊んでいるアル・コル・ロックというのは次のようなものである。

やや傾斜のある平らな地ならどこでもよく、柳を折りまげて直径三インチほどの輪を作る、その円周に等間隔に六個の別々の色の玉を結び付ける、各々の玉には点数を示す印《しるし》を付ける、用意するのは約三フィートの長さの細い棒である。

輪を転がして二ヤードか三ヤードの距離に近付くと、輪をめがけて棒を投げる。輪に付けられたどれかの玉に当たると得点になる。二人以上複数の者が幾度も繰り返して得点を競う。単純ではあるが熟練を要する遊びである。

この遊びはインディアン達に非常に人気があり、各地で氏族ごとに異なった用具を用いている。アリゾナのナバホ族は、的にする輪の直径は六インチ半、棒の長さは九フィートである。ユマ族の的はさらに大きく直径一二インチである。タクリ族は投げ棒の代わりに弓で矢を放つ方式である。サウスダコダのアリカラ族は投げ棒を用い、的となる輪の直径は約五イ

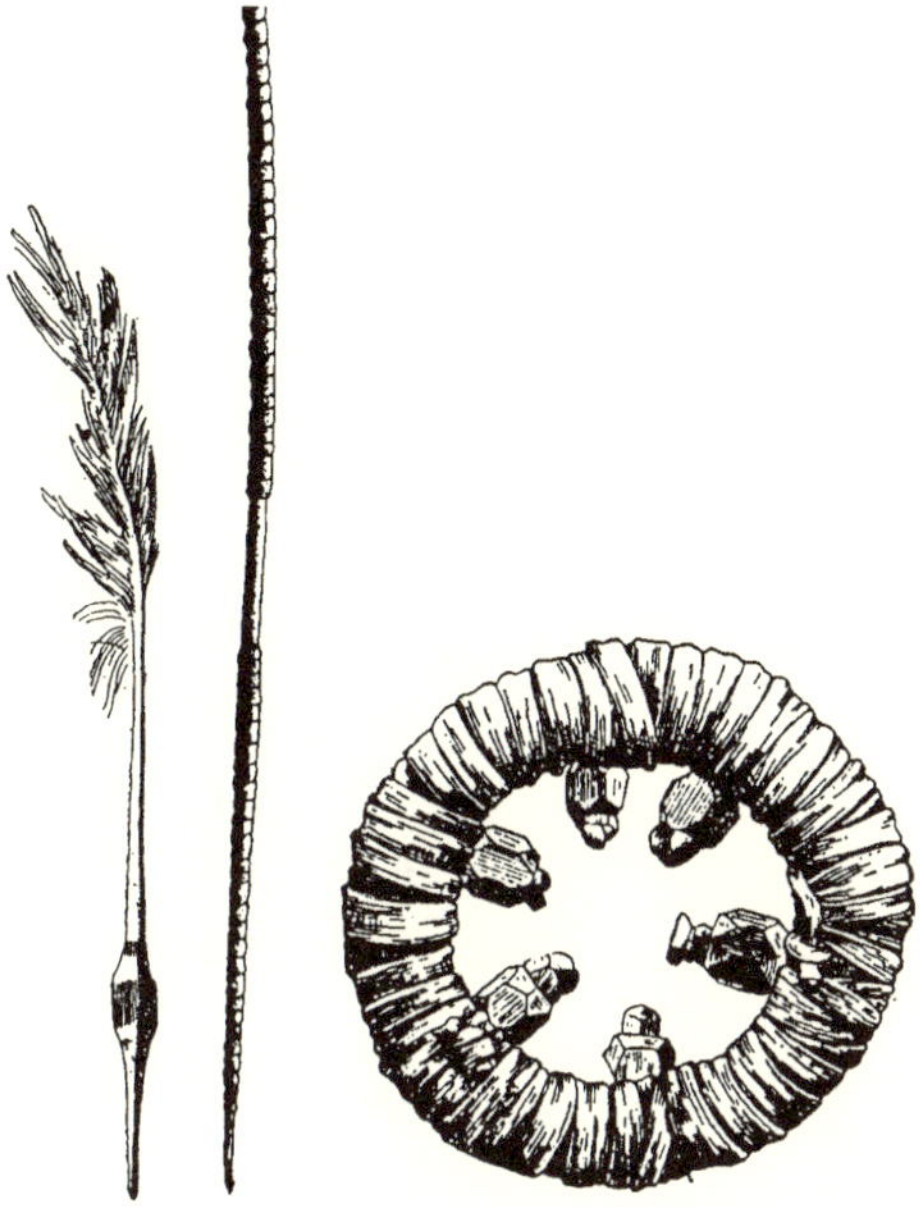

トンプソン・インディアンの輪と突き棒(『北アメリカ・インディアンのゲーム』)

ンチである。他のアメリカ・インディアンもほぼ同様の転がる輪を標的にした遊びがある。

羽根突きに似た遊びも愛好されていて各地の例が挙げられている。羽根ようのものはすべて手製で、ニューメキシコのツニ族は青いとうもろこしの実を薄く切って重ね、それを束ねた塊を固く縛る、この上に鳥の大きな羽毛を四枚くくり付ける。空中に抛り投げると、とうもろこしの実が錘りとなって下になり、羽毛の束が上になって落ちてくる。全体の長さが五インチから七インチである。これを掌で打って何回も空中に続けて上げ、上げる回数の多い

ツニ族の羽根（『北アメリカ・インディアンのゲーム』）

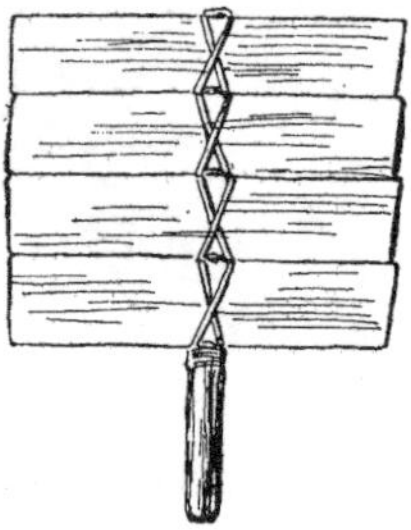

羽根突き用の板

ボールとボール投げ用のバスケット

者が勝ちである。

同じツニ族でも錘りとなるとうもろこしの実を一辺一インチ半の正方形に仕立てる部族もある。カナダのブリティッシュ・コロンビア州ディーン入江地域に住むベラクーラ族は、同じような「羽根」を掌で打つのでなく、たて一一インチ、横一三インチほどの木の板で打ち、またクヮキッテ族は直径一四インチほどの円板で打っている。ワシントン州のマカイ族は直径九インチの把手のある円板を用いている。

この遊びは主として敏捷さを競うものであるが、アメリカ・インディアンはこの他にも投げ矢、輪投げ、網や板状のラケットでの羽根の打ち合い、輪をくぐらす石投げなど豊富な遊びを楽しんでいる。

簡単なものを用いて身体的能力を競べたり、熟練度を比べ合う遊びは意外に多く、現代まで続いている遊びもある。一見すると素朴で単純な遊びが世界中で継承され、長い生命を保っている。

第四章　遊戯具の起源

一 人形

前章で述べた「もの」を用いる競技の、その「もの」は遊戯具である。本章ではさらに視野を拡げて、玩具も含めて人類がどのように遊戯具を考案し創造してきたかについて述べる。

人間が持ち遊ぶ遊戯具のなかで、最も古いものの一つは人形であろう。約二万年前にホモ・サピエンスが各地で作った乳房と臀部の異常に大きい女性像は、考古学者が〃ヴィーナス〃と名付けている。ヴィーナスは世界各地の旧石器時代や新石器時代の遺跡から発見されている。形状の違いや顔面の細工の差があるものの、同じ発想で作られたものであろう。これらのヴィーナス像は後に豊穣を司《つかさど》る女神に変貌して各地に存在するが、人形の源ではないと考えられてきた。

しかしすべてではないようである。カーディフ大学の考古学者ダグラス・W・バイレイ教授は人形の起源を研究している一人である。彼はウクライナ西南部、ルーマニア、ブルガリア、ギリシア北部の遺跡の発掘調査にたずさわり、特に新石器時代の石や粘土で作られた人物像を研究している。

彼はなぜ各地の遺跡から小さな人物像が多数出土するのか、その意味を考えて自問自答している。すなわち、(一) おそらくこれらの像は祖先崇拝の儀式の際に、祈願するために作られたのか、(二) 新石器時代の人々が自分達の家族や友人の肖像として作ったのか、(三) 敵対するものを呪うための像か、(四) 彼らの子供達が遊ぶための道具だったのか、(五) 司祭か神官が用いるために作ったのか、(六) 陶器を作り、余った粘土で「手すさび」のために作ったのか、(七) 上記以外のなんらかの理由で作られたのか等々を考えた。

結局、彼はこれらの像について明確な結論をだせなかったが、次のように述べている。「私は個人的な見解として新石器時代の宗教上の儀式のためか、収穫祭か、ずっと後の時代に謝肉祭となった催しのためか、あるいはシャーマンを興奮させ恍惚状態にいたらしめるための用具という考えに誘惑されている」(ダグラス・W・バイレイ『先史時代の像』)。

彼によると新石器時代の人物像は出土した地方により形状や体形、顔面の細工、身体に彫られた文様などが異なるものの、東ヨーロッパでは二つの役割に大別されるという。一つは、当時の人々がおこなう祭典や儀式に関わるもの、もう一つは新石器時代の社会や日常生活を示すものとしている。

なぜならこれらの小さい人物像の多くは、住居の竈跡《かまあと》や掘られた穴および埋葬地から発見されていること、当時の人々の肉体の特徴を反映し力強さや衣服などを表現しているからだという。各地での像の微妙な違いは——第一章で述べたように——装飾品に似た役割を持っていたのか、自分達が所属する集団を表わしているかもしれないという判断である。

バイレイ教授が特に注目している二つの像がある。一九七〇年代の終わりにアメリカと旧ユーゴスラビアの考古学者達と共同の調査団を組織して、ユーゴスラビア北部のセレヴァックの丘付近の発掘調査をおこなった時の発見である。この地域は新石器時代の先進地として知られ、最初期の農業遺跡も存在する。

丘の上の木造建築物跡から出土した像で、一つは紀元前四七〇〇年頃の高さ一二センチの人物像である。粘土を焼いたもので頭部、目、鼻、口が明瞭で、腕はずんぐりと太く短く、両手を左右に開いた姿である。男性か女性か識別できないが、特徴として拡げた腕の左右に一つずつの孔があけられていることがある。大きさが持つのに丁度よい程度であり、二つの孔は革紐で吊り下げるか、何かに結びつけて身に付けていたと考えられた。

もう一つの像は小さく、高さはほぼ三センチで顔の造作はない。しかし胸が乳房のように突き出ているので女性像と判断されたが、下腹部には女性性器を示す逆三角形は彫られていなかった。この像の腕は非常に短いが腰はくびれて臀部から足首に向けて順次に細くなる先細りの体形であった。

木造建築物の割石積みの個所から五体の人物像、粘土の床から七体の人物像が発見されているが、前述の二体が注目されたのはこのような理由からであった。この二つの像は七〇個のかたつむりの殻と共に発見され、傍らに黄土色の粘土の塊があった。かたつむりの殻には穴があけられていて明らかにネックレスの原型と判断された。小さいほうの像はかたつむりの殻と一緒に革紐か植物の繊維によってつなぎ通されてネックレスの一部になっていたと推定された。

この小像を考古学者達が検討した結果、これまで発掘された人物像は祭儀用かシャーマンのためとみなしていたバイレイ教授でさえ、「新石器時代の像は人形であることを示している」（前同書）と断定した。

もう一つの大きいほうの小像も、玩《もてあそ》ぶか衣服に結びつけられる人形と判断された。人形説は考古学者の間で大きな反響をまきおこした。懐疑的な見解も出されたが、多くの考古学者達は人形の「誕生」を歓迎した。スタンフォード大学のミカエル・シャンク教授も人形説を支持する一人で、初期の農民の持ち物のなかに人形に分類される物品があったというのは、まことに魅力的な論述と評価している。

新石器時代の小像が人形であったとする見解ははなはだ興味深い。とりわけ発見された場所が祭儀の場所でなく日常生活が営まれていた屋内という点である。形状からも神像や巫女という像とは異なっているようだ。そうすると、これまで宗教上の用具や儀式用とされていた人物像も再検討する必要があるかもしれない。発見場所や出土状況をみなおすことによって、新たに「人形」とされる可能性は少なくない。

どのようにして「人形」が誕生したのかは、人類の生活のありかたと関連しているのであろう。旧石器時代の人間の集団生活について、その規模についての研究はなされていて、旧石器時代後期から新石器時代初期の家族の人数や集団の人数もほぼ推定されている。子供達は母親の授乳や育児を常に観察していた。また、少女達はしばしば母親に代わって子守りをして幼児や赤ん坊と接触していた。子供達はこれらの体験をもとに、母親のしぐさを真似るために人形を作り出したのであろう。あるいは集団や家族の行動を真似て、構成員を模した

〝ままごと〟をおこない、人間に擬した像、すなわち人形を作り出したのであろう。

これらの人形は、役割を果たすと放置され、跡形もなくなったり大地に還ったのであろう。奇跡的に残りまたは埋葬の副葬品として発見されたのが、大英博物館やカイロ考古学博物館に所蔵されている人形である。それだけではない。我々が少女達の豊かな想像力に敬服しなければならないのは、バカ族の「少女が、布を丸めて作った人形を抱き、歌を歌ってあやす」（亀井伸孝『森の小さな〈ハンター〉たち――狩猟採集民の子どもの民族誌』）ように、棒切れや一片の布、植物の茎、適当な大きさの木切れなどはすべて〝人形〟として扱われていたことである。「エスキモーの古い村の跡の凍った土の中から、動物の骨でつくった人形が発見され」（A・フレイザー／和久明生、菊島章子訳『おもちゃの文化史』）、子供の想像力から作られた「アフリカのカフィル人の人形は、とうもろこしの穂軸で作られているし、ザンジバルの人形はキビの茎、葦、粘土で作られたものです。今日でもインドの貧しい子どもたちは、新聞紙やゴミから遊び道具を作っています」（前同書）。インドだけでなく、子供達は古代から中世を経て現代に至るまで、様々な素材で「人形」を作ってきた。

人形は子供達の友人であり保護するものであると同時に、「家族や集団の最下位に位置するもので、子供達が自分より低いランクの物品を得た」（『先史時代の像』）。子供達は自分より下位の人形を置くことによって、ある種の優越感を抱いたり、屈辱感の捌け口にするなど様々な心理的影響を受けることと、人形によって幼い頃から性別を認識するようになることをバイレイ教授は主張している。

人形は他の遺跡からも発見されている。

インダス文明の古代都市モヘンジョ・ダロからは、粘土や石、素焼きの陶器の人物像が多数発見されている。発掘に従事したマッケイ博士はこれらの大部分は紀元前三〇〇〇年から二八〇〇年頃のものである、女性像が多く、着衣や髪型、腕輪、首飾り、耳飾りなど入念に細工されていて母神像とされている、踊り子の像も多く、宗教的な儀式に関連したものとみなされている、としている。

これらの像のうち人形かもしれない像もある。「焼いた粘土で作られた人物像で、いっぷう変わった形をしている幾つかの像は、子供達によって作られたものであろう。そのうちの一つは左足をあげた男性像で、胸の高さに丸い物体がある。これは太鼓の音と共に彼の存在を知らせ、その後で歌をうたうか吟唱しながら巡回して、人々から施しを受ける貧しい芸人が子供の手によって作られたのかもしれない」（E・J・H・マッケイ『モヘンジョ・ダロの遥かな時代からの発掘』）という。子供達が玩《もてあそ》ぶ人形の可能性が大きいからである。

別の小さい人物像は、もっと明確に人形とされたものである。「赤い下着を着けた陶器の女性像で、高さは一・四インチである。衣裳とぴったり首に付いた飾りを着け、前額にはリボンがある。長く吊るした耳飾りか、そうでなければ扇形の頭飾りを吊り下げているかである。頭と首のサイズは身体と釣り合っていない不恰好なものである。この像の基底は丸くしっかり立っている」（前同書）。マッケイ博士は、この像は立てることができるので盤上遊戯の駒の可能性もあるとしている。なぜなら他に高さ二・三インチの底が平らで立てることのできる像も発見されているからである。

古代エジプトの人形（中王国時代、大英博物館蔵）

一見するときわめて素朴な「人形」であるが、明らかに大人の手が加えられた像もある。ピグミーのバカ族の子供達のように自分達で森から材料を調達して人形を作る時代から大人が子供達に愛情を注ぐあまりに、人形を作って子供に与える時代に変化したと考えられる。インダス文明の場合も古代エジプトの場合も「大人が作った人形」の出土品がある。厳密にいえばこれが「人形」かもしれないし、子供の墓の副葬品の人形はほとんどの場合大人によって作られ与えられたものであろう。

古代エジプトでは「赤ん坊は男の子もたいていの女の子も一年間は裸であった」(アドルフ・エルマン『古代エジプトの生活』)。それを模して「大人が作った人形」も裸である。しかし少女になると髪を長くしたので、人形もそのように作られた。エジプト人の知恵は人形の製作にも発揮された。新王国時代とみなされる人形は「紐を引くと継ぎ目である関節が動いて、奴隷が穀物を押しつぶす作業を表わす」(前同書)ものであった。

時代が少し下ったギリシアでは、優れた創造力を持つギリシア人は人形の製作にも十分に才能を発揮した。紀元前六世紀から同五世紀に作られた人形が多数発掘されている。例えば、ルーヴル美術館には紀元前四八〇年の人形が所蔵されている。帽子をかぶった少女の人形で、胴の下部と大腿部の上部とが金属の棒でつながれていて足が動くようになっている。両腕は破損してなくなっているが、腕も動くように細工された跡が残っている。

大英博物館蔵の紀元前三五〇年のギリシアの人形は、両腕と両足が動くようになっていて、ベルリン国立博物館蔵の同時代のギリシアの人形はさらに精巧で、両腕だけでなく両肘と手首、脚部は膝も動くようになっている。遅くとも紀元前六世紀には人形製作職人が存在していたのであろう。

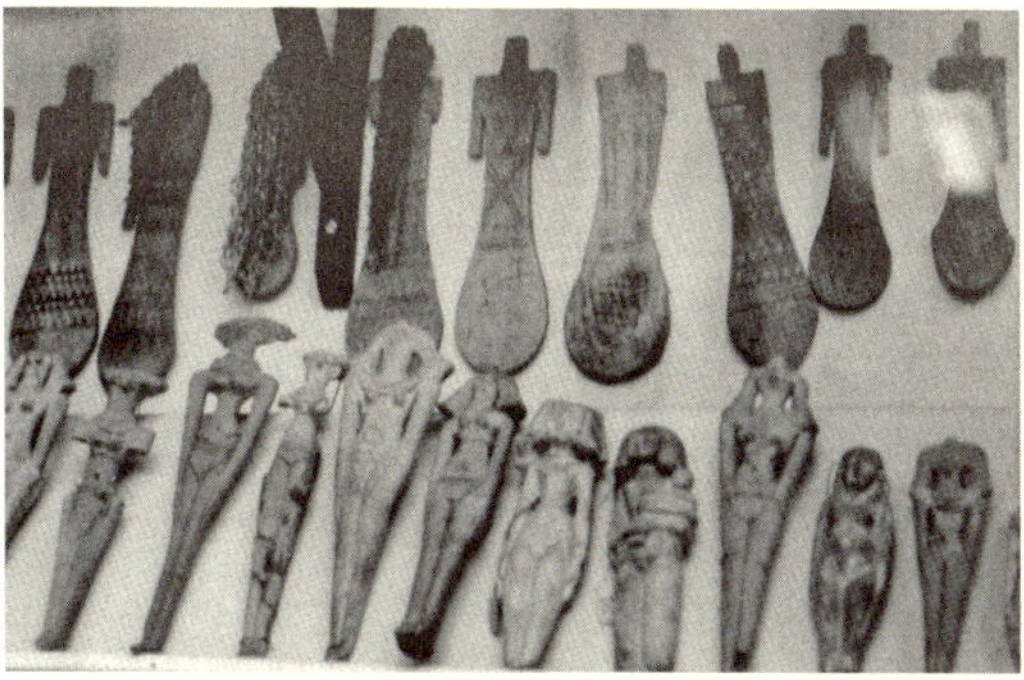

古代エジプトの人形　上段は頭髪のないもの（第11王朝、カイロ考古学博物館蔵）

人形の胴の模様

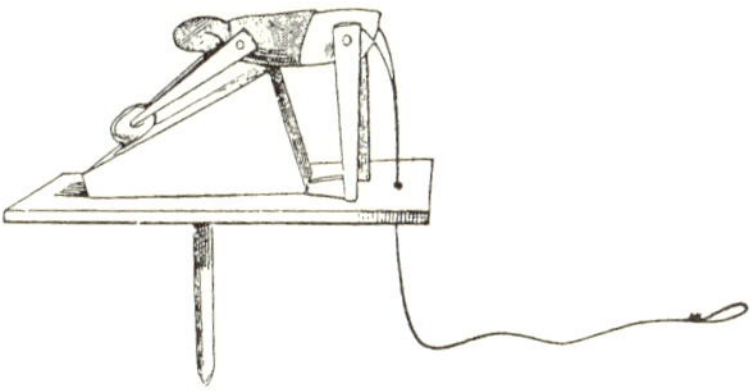

紐を引くと動く人形（新王国時代、『古代エジプトの生活』）

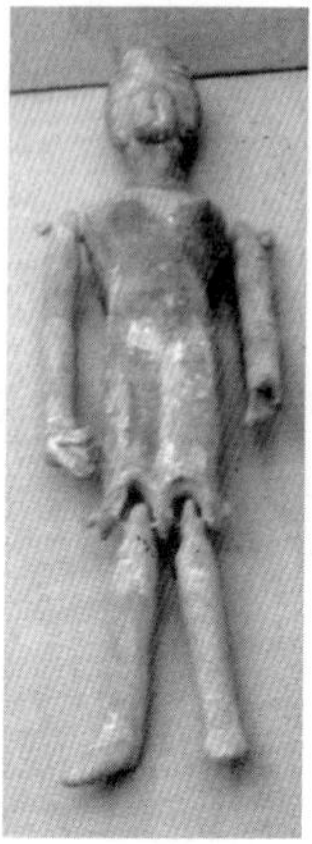

手足の動く人形、ギリシア・コリント製（紀元前350年頃、大英博物館蔵）

ギリシアでは人形を、「結婚の前日、これから結婚する花嫁達は自分の人形を、処女を放棄する印として、アルテミスあるいはヴィーナスに捧げる」（国立博物館連合編・マルセイユ博物館図録／藤田緑訳『古代の遊び』）習慣があったという。また、結婚前に亡くなった少女達の墓に愛玩していた人形を入れる風習や、本来ならば結婚して生まれてくるはずの娘（親からみれば孫娘）の身代わりとして人形を少女の墓に入れる意味があったという。

ギリシアの人形は精巧で人気も高く「紀元前四世紀からスペインや黒海地方、アフリカに輸出された」（前同書）。おそらく型を用いて大量生産できる態勢が整っていたのであろう。ギリシア人の優秀さは人形製作の面でも示された。

当初は日常生活を反映し、子供達の想像力の結実として始まった人形は、きわめて素朴で子供達が指し示さないかぎり到底「人形」と思えないものであった。それゆえ、子供達の手から離れると、ただの棒切れや布切れという本来の物品に戻った。子供特有の移り気で「人形」が放置されると、人形でなくなった。大人達が与えるようになると、次第に加工され縮小された人体に似るようになった。

ただ注意しなければならないのは、宗教上の概念が投影されると、人体を模した姿は祭具となり遊戯具ではなくなった。旧石器時代以降おびただしい数の粘土や石で人物像が作られたが、ほとんどすべてといえるほどなんらかの信仰に関わり、祭具と遊戯具との境界の区分は難しく、多くの研究者の課題となっている。

明確に人形とされる像は証拠のあるものに限定すると、現在のところ新石器時代からであろうが、それ以前の可能性もあり、今後の発掘調査の成果に期待したい。

二　動物玩具

人類が生まれて数百万年は狩猟採集の暮らしであった。狩猟の対象として人間と動物は実に長い年月を経た。動物の習性を人間は熟知した。そのうちに特別な動物は人間と親しい関係が生じた。「最新の研究によれば、ほぼ一四万年前に狼の後裔の犬は飼い慣らされた」（フリードリッヒ・ハイトマン『遊びの歴史』）とされている。

人間は犬を忠実な伴侶としてきた。家族の一員として扱い、狩猟用や番犬に育てあげたのであろう。しかし、それ以外の動物との関わりは、いぜんとして狩りの対象だけであったのだろうか。洞窟の壁に描かれたのはなぜだったのであろうか。

犬との接し方の経験から学んだのであろうか、幾種類かの動物は家畜となったがこれは遥か後の時代である。我々の祖先は動物とどのような関係にあったのだろうか。

クレタ島のイラクリオン考古学博物館には、先史時代の人々が作った動物のミニチュアが展示されている。四足獣の群であったり複数個の一塊であったりするが、いずれも特徴を巧みにとらえている。アテネの考古学博物館にも非常に古い時代の動物像のミニチュアがある。むろん、ヨーロッパの他の考古学博物館も同様である。約二万年前にマンモスの牙で作られた動物像は、素材を変えて連綿と作り続けられたのであろう。各地でその地に豊富に生息していた動物を主にして、地方ごとに特徴のある動物像が作られた。なぜ我々の祖先は多数の動物像を作り続けてきたのか、理由の一つは次のように考えられている。

アフリカ中南部ザイールのムブティ族は動物達をこのようにみている。彼らは熱帯林のなかで太古から狩猟と採集の生活を続けているが、「彼らは「森は親」と考え、それは「近しい血縁がものを与えてくれるのと同じ意味で、ものを与えてくれる環境だ」と考える」（スティーヴン・ミズン／松浦俊輔、牧野美佐緒訳『心の先史時代』）。小括弧内はある考古学者の著書からの引用であるが、ミズンも同意見である。森は人々に暮らしや生きることを与えてくれ

先史時代の動物のミニチュア　クレタ島（イラクリオン考古学博物館蔵）

ミノア文明のテラコッタの羊、犬などの動物のミニチュア（紀元前2000-前1700年頃、大英博物館蔵）

ギリシアの動物のミニチュア（紀元前15世紀、アテネ考古学博物館）

るもので、そこに住む動物は人間と同じ社会の構成員という考え方である。同じ生活環境にある人間と動物は、同じ社会的存在という認識である。

このような考えは先史時代の人類に共通していたのか、人類の発想は地球上のどこでも似たようなものなのか、北極圏に住むイヌイットにも同様の考えがみられる。彼らは共に住んでいる白熊は人間と同じとみていて、「白熊は人類の祖先であり、親戚であり、恐れられ、また尊敬される敵と考えられている。イヌイットの神話には、人間と白熊がお互いに相手に姿を変えられる時代があった。この考え方——昔の人間は、人間でない動物と、お互いに相手に変身できたというもの——は、実は、狩猟採集民の心に広がっている一つの特徴である」(前同書)。

動物は人間の祖先であった。このような考えのもとに我々の祖先がミニチュアの動物を作ったとすれば、自分達の祖先を表わしているのであろう。

東南アジアの幾つかの民族は、動物にも植物にもすべての生《せい》あるものには精霊が宿っていると考えている。彼らは祖先や精霊を崇拝するためかあるいは身近に感じるために動物のミニチュアを作っている。特定の動物が自分達の祖先とみなしているからであろう。

時代や場所もまったく異なるが、レバント地方のギョベクリ・テペ遺跡で、石柱の上部に動物や鳥の浮彫りがあるのは、「さまざまな動物は、その神殿に集まった「氏族」を象徴していたのではないだろうか」（アリス・ロバーツ／野中香方子訳『人類20万年　遙かなる旅路』）という見解は的を射ているであろう。各々の動物や鳥は集まったそれぞれの氏族の人達の祖先を表わしていた。

むろん、博物館に展示されているミニチュアの動物について他にも幾つかの見解がある。エベリン・クレンゲル博士は、「これらのミニチュアの動物について依然として論争が続いているものの、神への捧げ物として考えることもでき、実際に動物を犠牲として屠《ほふ》る代わりにミニチュアを供物として捧げたのかもしれない」（二〇一四年一月二八日付、書簡）。神殿跡から発見される場合も多く、有力な見解である。

その他にも狩猟の訓練用という現実的な課題のために作られた可能性もあり、動物達の集団の行動を知り、どのように待伏せするか狩りの知識や教育のために作られたのかもしれない。

非常に多くの動物や鳥のミニチュアが発掘された場所の一つが、インダス文明の古代都市モヘンジョ・ダロである。紀元前三〇〇〇年紀に住んでいた人達の作品で、「膨大な数のこれらの残されたものは、広く知られているように玩具か崇拝の対象物かまたはその両方であろう」(ブリゲット、レイモンド・アルチン『インドとパキスタンにおける文明の曙』)。

一九二七年から三一年にかけてモヘンジョ・ダロ遺跡を調査したマッケイ博士は発掘品について大部の詳しい報告書を発表している。そのなかの「小像と動物模型」という項で、ミニチュアの動物像について崇拝の対象から玩具に至るまではなはだ興味深い例を多数述べている。ここでも大人の真似をして子供達が動物像を玩具として作り、他方、大人達も子供のために動物像など様々な玩具を作っている。

「すべての動物の模型のうち小像は粘土で作られているが、素焼きとは思えない(精巧な)ものもある。(神への)奉納の目的で作られたものであろうが、明らかに玩具とみなされるものもあり、予想されるように普通の家庭で作られた可能性が大きい」(『モヘンジョ・ダロの遥かな時代からの発掘』)という。むろん素材は粘土、石、テラコッタ、ファイナンス焼のものも発見されている。子供が作ったとみなされる幾つかを紹介してみると、

陶器製でクリーム色の筋のある三・五インチの高さの雄牛の頭の像がある。底に直径

○・三インチの穴があり、頭は中空で角と耳が混り合った不恰好な姿である。ランプかカンテラのような（妙な）形で、目を丸く切り取るのが難しかったのか、粘土を丸めた平らな球が付いていている。稚拙な作りで子供が作ったのであろう。（中略）

陶器製の粗い作りの雄牛で三・一七インチの高さである。両方の角が一緒になっていて目は平らな円である。外観上からみて（下手なので）子供が作ったものであろう。前脚と後脚も一緒になっていて、一筋の線で前後が分けられている。（中略）

粘土で粗く作られた動物像は、胴体に対して長い耳を持っているので、意図して野兎を表わそうとしたのだろうが、満足できる作品でないことは確かである。象とも見えないので、この不恰好な外観からして子供が作ったのであろう（前同書）。

モヘンジョ・ダロで発掘された動物と鳥の小像

大部分の発掘された動物像は礼拝のために作られたのであろうが、以上のようなものも含まれていた。なかには次のような例もみられる。

二つの雄牛の像はいずれも粗い細工である。インダス文明では雄牛は聖なる動物なので崇められているが、この像は良い細工ではないので（崇拝の目的で作られたが、粗悪品なので）子供に与えられたのであろう。仮に奉納された供物であったにしても、時がたつにつれて（汚れて）捨てられ、終には子供の遊び道具になったのであろう（前同書）。大人達が子供のために玩具として作ったものもある。「猿とみなされる動物像は、高さが二・九一インチで腕に直径〇・一三インチの小さい穴が水平に通っている。腕をゆすり動かすようになっている」（前同書）。明らかに大人の作品である。

猿はインダス文明で神聖な動物として崇拝されてきたが、「猿への敬意はパンジャブ地方よりも他の南部の諸州のほうが広くおこなわれていた。モヘンジョ・ダロではペットとしても飼われていて、発掘された猿の小像から我々は明らかに玩具であったと結論づけた」（前同書）。

動物の玩具はこの時代にここに存在していた動物を写している。この他にも鳩と思える鳥を象《かたど》ったもので扇形に尾がひらいた四インチ弱の粘土作品も出土している。胴体の下に左右に貫通した小さい穴があけられていた。考古学者達は車軸を通す穴で、鳩車だったと推定している。他にも長さ三・九インチの鳥の粘土細工があり胴体の下部に小さい穴があけられている。これも車軸を通すものであるが、頭の部分にも小さい穴があけられ、糸状の繊維が付着していた。頭部に付けられた紐で引っ張る玩具と判断された。

別の資料からも玩具であると判定できる。「モヘンジョ・ダロ出土のテラコッタの像で、紐を引くと頭が動く雄牛の像がある」（『インドとパキスタンにおける文明の曙』）。インダス文明の人々は紐を付けて玩具を動かす細工を多用していた。

これらの粘土や素焼きの動物像から、子供が作った作品、大人が子供に与えた玩具の両方

鳩の玩具か？（紀元前15世紀、アテネ考古学博物館）

雄牛の玩具、紐を引くと頭が動く　モヘンジョ・ダロ出土（『インドとパキスタンにおける文明の曙』）

があったことは確実である。

動物の小像はインダス文明だけではない。紀元前四〇〇〇年頃のメソポタミアのウルクではテラコッタの雄牛が作られている（ベルリン国立博物館編『西南アジア博物館』）。ウルクからは他に紀元前二八〇〇年頃の雄牛や他の動物の小さい石製の像が出土している。同時代の水差しはライオンや水牛の姿になっているなど、人間の生活と動物とは近い関係にあった。紀元前二〇〇〇年紀にもたくさんの動物像や人面動物像が作られたが、玩具と断定されたものはきわめて少ないようである。


古代エジプトでも動物の小像は多数作られている。第五王朝のサッカラでは子猫、鴨、鳥、ガゼルなどが作られているが、これらは崇拝の対象なのかペットを模したものか判然とせず、玩具であるかどうか明確でない。周知のように古代エジプトでは多くの動物が神とされていたからである。

誰がみても明らかに玩具なのは大英博物館所蔵の木製のライオンと鼠である。鼠は紀元前一一〇〇年頃の作とされ、尻尾が動くようになっている。ライオンは紀元前一〇〇〇年頃に作られ、付いている紐を引くと顎が動くようになっている。

このライオンは「世界で最も有名な玩具」として、玩具史に関する書物には必ずといってよいほど写真が掲載され、玩具の図鑑にも常に載っている。しかし前述のように、エジプトより遥か以前にモヘンジョ・ダロでは同じ発想の雄牛の玩具が作られていた。大英博物館の知名度とイギリスの宣伝力が強力であったことを物語っている。

世界で最も有名な玩具のライオン（紀元前1000年頃、大英博物館蔵）

ルーヴル美術館やボンのライン国立博物館をはじめ各地の博物館には、古代エジプトの動物玩具が収蔵されている。四輪の車の付いたライオンや猪、鳩などであり、動かすことのできるものである。むろん、大人が作って子供に与えたものである。木製の車輪の付いた馬や馬に乗った騎兵と思える玩具もある。「均整がとれ、木製の細いほぞで丁寧に組み立てられ、小さいサイズのこれらのおもちゃは、明らかに王子や高級官僚の子供達のものであったに違いない。エル・リシュドでは、ある少女の墓から四体の奇形が発見されたが、おそらくこれらは、細紐で繋がれ、紐を動かすと、回転や踊りの動きを表わしたものである」（『古代の遊び』）。

左：イランのスーサから発掘された台車に乗ったライオン　インシュシナク神殿の埋納品（紀元前12世紀、ルーヴル美術館蔵）
右：台車に乗ったハリネズミ　台車の前部に小孔があり、紐を通して引っ張ることができる。台車に乗ったライオンとともに玩具か奉納品か未定（紀元前12世紀、ルーヴル美術館）

車輪付きこぶ牛形土器　車輪をつける発想は早くから生まれた（紀元前1500-前800年、イラン国立博物館蔵）

非常に精巧な玩具も作られるようになっていて、既に玩具職人が存在していたのであろう。むろん特定の階層の者のみが優れた玩具を入手できたのであろうが。そしてさほど恵まれない階層の子供達は、自分達で探し出してきた材料で稚拙な玩具を作っていたのであろう。遊び飽きると放置されて土に還り、墓に入れられて後世の人の目に触れることはなかった。

古代ギリシアでは玩具は一段と豊富になった。動物玩具も動物の種類が豊富になり山羊、羊、犬、猫、豚などで、型による大量生産がなされた。それだけでなく新しい型の遊びも考案された。紀元前三三〇年頃の赤絵の壺には「お馬ごっこ」をする子供が描かれている。跨《また》がった棒の先端には馬の頭が付いていて、末端には小さな車が付いている。この頃に棒状の「馬」が遊ばれていた。

「お馬ごっこ」を描いた赤絵の壺（紀元前330年頃、プロイセン博物館蔵）

太古から深く関わってきた動物は、狩りの対象からある特定の種類は家畜として人間に利用されるようになった。さらに愛玩用の動物として飼育されるようになると、愛情と親しみから玩具として作られるようになった。長い過程であったが、人間と動物の親密さは深まってついに動物玩具となった。現在に至るまでの驚くほど長い期間高い人気を保ち続けている。

三　がらがら

きわめて古い時代からの玩具の一つで、さほど注目されていないのが「がらがら」である。赤ん坊をあやすための道具として代々の親達が連綿として受け継いだものである。

おそらく遥か古代に、人々は乾燥したウリ科植物の実を踏みつけた時や手に持った時に、内部の乾いた種子が微かな音を出すことを知ったのであろう。繰り返し体験して確認したのであろう。自然の発する音として、どのように扱われたのか経過は不明であるが、記録された時代から推定すると魔除けや悪魔祓いの用具として用いられるようになった。がらがらは「もとは球形の木の実やひょうたんで作られたもので、ボール（状のがらがら）には彫刻をほどこしたり、ガラガラは中に種子を残したりしたものがありました」（『おもちゃの文化史』）。後の時代のがらがらも古代からの影響を色濃く残しているという。

他方、これも偶然に繰り返された結果であろうが、乾燥した植物の実を鳴らすと赤ん坊や幼児が喜んだので、彼らの「お気に入りの道具」となったのであろう。自然を採り入れたおもちゃの典型ががらがらであった。

がらがらは当初は実際の乾燥した木の実を用いていたのであろう。粘土で作る場合も木の実の形にしたのであろうが、さらに人々が常に接触する親しみ深い動物や鳥の形のものも作られた。当然のことながら振って鳴らすために、内部に小石や種子が入れられた。

がらがらは新石器時代の人々に既に知られていたという。「がらがらについてギリシアの政治家アルキタス（紀元前四〇〇―前三六五年頃）が発明したとある人は書いているが、アルプスの北の地方では遥か以前の新石器時代から〝がらがら鳴る物品〟は知られていた。ドイツのドレスデンの近くの荒地にあった保塁《ほるい》の青銅器時代の墓から副葬品として鳥の形をした〝がらがら〟が発見されている」（バーバラ・スペック「がらがら・小動物・人形と骨の小物」、ハイルブロン市立博物館編『ローマ時代と中世の考古学上の発掘品』）。

我々が知ることのできるがらがらの比較的古い時代のものは、展覧会で展示されたものである。二〇〇九年に東京国立新美術館と大阪国立国際美術館が共催した「ルーヴル美術館展――美の宮殿の子どもたち」に展示されていた二点である。その一つはイラクのテルローで出土した猪の形をしたがらがらで、紀元前二〇〇〇年紀のテラコッタである。大きさは長さ一二・六センチ、幅八・五センチで、親達が握り持って幼児をあやすのに適した大きさである。

もう一つも猪の姿をしていて、イラクのラルサで出土したものである。前者と同じ紀元前二〇〇〇年紀のものでテラコッタ製で大きさは長さ七・八センチ、幅は五・六センチで前者よりやや小ぶりである。猪はその頃に非常に身近な存在だったのであろう。同展の図録の説明にはイラクでがらがらが多数出土していることについて、「相当数のテラコッタ製の、中は空洞で粘土を用いた小さな耳や鼻などを付けた小動物は、子どものがらがらを連想させる。こうした小動物はメソポタミア（チグリス川とユーフラティス川の流域）とシリアで発見されている」と記されている。

さらに説明は続けて、動物の体軀と表情を表現する粘土像製作者の優れた伎倆を賞賛して、「様式化されながらも豊かな感受性を見せる表現は、動物の世界へのほとんど素朴ともいえる愛着を表わすこと」が基礎にあったと述べている。前節の動物玩具にもあてはまる賛辞である。赤ん坊に対して注がれた慈愛の感情も優れた作品を作り出した動機といえるだろう。

一九九一年一一月から翌年二月にかけてマルセイユ博物館で催された、地中海に面した国々や地域から集められた大規模な遊戯具展でも玩具の美的価値には目を見張るものがあるとして、その筆頭にがらがらを挙げている。大英博物館にはエジプト第一八王朝期の紀元前一四〇〇年頃に作られた布製の着色された球がある。これは「ガラガラとして使われていたのでしょう。（内部に）小石が入っていた」（『おもちゃの文化史』）。

がらがらは古代パレスチナでも用いられていた。産まれたばかりでか弱いために「特に危険にさらされている赤ん坊たちの魔除けや護符としても役立った」（ウルリッヒ・ヒブナー『古代パレスチナの遊びと遊戯具』）。カサカサやガラガラと内部に入っている小さな物品によって鳴る音が、魔物から身を守るという考えはパレスチナでも同様であった。「象徴的で暗喩にみちた玩具の意味は、それらが古代ギリシア以前からパレスチナにあったと認識できる。……守護という感覚で作られたことは動かし難い事実であろう」（前同書）。具体的に古代パレスチナも動物や鳥の形をしたがらがらが作られていた。アテネ考古学博物館には紀元前一〇〇〇年頃のミノア文明の鳥の形をしたがらがらが展示されている。説明には「邪悪な魔物を追い払うためのもの」とある。

がらがら　ギリシア（紀元前1800-前1600年、ベルリン新博物館蔵）

古代ギリシアではがらがらが広く普及していた。親から赤ん坊への最初の贈り物として慣例化されるようになっていた。「この世に生を受けて間もない赤ん坊は〝最初のまなざし〟と呼ばれるプレゼントを受け取る。（赤ん坊への）

プレゼントは、家族の宗教への入門の日である五日目、次いで両親が子どもに名付ける日に渡される。……赤ん坊がもらう最初のおもちゃは動詞の〝音を出させる〟に由来したものである」（『古代の遊び』）。このプレゼントががらがらであることは疑う余地がない。今日でもヨーロッパでがらがらを「最初のおもちゃ」とよぶのは、この頃に始まった慣習であろう。

ギリシアでがらがらが多用されるようになると、がらがらは型によって大量生産されるようになった。大英博物館が所蔵しているテラコッタの豚を作る型は左右二つからなり、説明には、「この型はアテネのディオニソスの劇場跡で発見され、紀元前五〇〇年頃のものである。型に湿った粘土を押し付けて製作していたので、型の一つに指の跡が残っている」とある。

ギリシアからローマ時代にかけてのがらがらの特徴は、遅くとも紀元前五〇〇年頃には型による生産が始まっていたことである。型を用いることによって容易に内部を空洞にできて、種子や小石を入れることができるようになった。当然ではあるが型による製品はがらがらだけでなく、小さな神像や護符や宗教上の物品が作られるようになっていた。これらの成型品が先にあって、この技術ががらがらや動物像の作成に応用された、というのが正しいのかもしれない。

がらがらは型によって身近な動物や鳥の形が作られたが、豚が多数であったという。古代ギリシアで「子どもを守るための〝里親の祭り〟（というのがあり、これは）子ブタを捧げるスパルタの慣習」（前同書）に由来して一般化したので豚のがらがらが広まったとされている。豚が子供を守ると信じられたからである。むろん、豚以外の動物も作られていた。

ドイツのバーデン・ヴュルテンブルクにあるローマ人の入植地の住居から発見されたのは、ライオンの形の粘土製のがらがらで紀元一～二世紀のものであった。同時代の北ライン・ウェストファーレンからは羊の頭で胴体は鳥という粘土製のがらがらが発見され、同州の別の墓地跡からは鹿の頭を付けた鳥の形のがらがらが出土している。バイエルンのレーゲンスブルクにあるローマ人の墓地跡から発見されたのは鶏の姿をしたがらがらだった。

フランス東部のコルマールにあるウンターリンデン博物館が所蔵している兎のがらがらはローマ時代（一～二世紀）のものである。内部のX線調査で多数の小石とみなされる物品の入っていることが確認された。大英博物館蔵のローマ時代（二～三世紀）のがらがらは、やはり陶器製の豚であるが、赤、青、緑などの粒状のガラスが付けられている。貴族か裕福な商人の赤

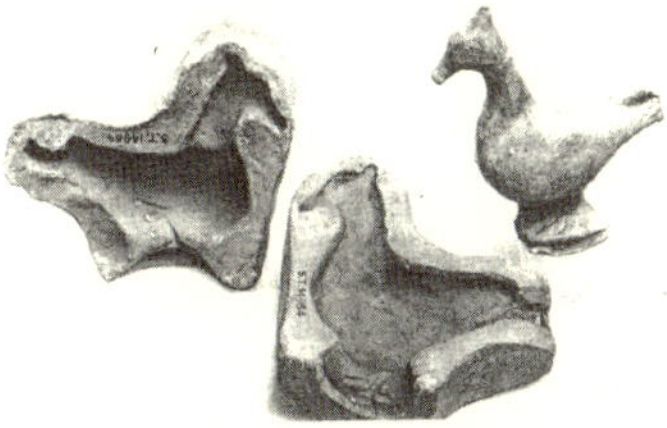

型による生産　ドイツ、ラインランド出土（3世紀頃か、『ローマ時代と中世の考古学上の発掘品』）

ん坊のために作られた豪華な品である。

このようにローマ時代になるとがらがらは一段と多種多様になった。高級品にはフランスのローヌにあるローマ人の子供の墓から発見されたがらがらのように、銀の小さい環が複数個入れられていた。また、ドイツのマインツで発見された子供の墓は二世紀から三世紀のものであるが、墓の主とみられる幼女ががらがらを持っている浮彫りが添えられていた。

豚のがらがら　ガラスをはめ込んだ高級品
（ローマ時代２－３世紀、大英博物館蔵）

ローマ時代にがらがらが一段と普及したことについて、バーバラ・スペック博士は、赤ん坊が生まれて一週間を経るとお祝いの行事があり、その時に赤ん坊に最初のおもちゃとしてがらがらを手に握らせる習慣があったから広まったと説明している。

魔除けから始まったがらがらは、次第に赤ん坊を祝福するための贈り物になり、あやすための玩具になった。親の愛情から身近で親しみのある形になり、着色された美しいものになった。自然から学んで玩具へと発展させたのも人々の知恵であろう。

四　さいころ

神託をうけるための用具としてさいころ、正確にはさいころようの物品を用いたことは既に第一章で述べたが、最も古い遊戯具の一つがさいころと断定できる。

さいころの歴史に関する展示はザルツブルク遊戯研究所の主催で一九九九年から二〇〇〇年にかけて、ザルツブルクのクレスハイム城とウィーン近郊のバーデンで催された。同展図録の序文でザルツブルク遊戯研究所所長のギュンター・バウアー教授はこのように述べている。「人類の文化史は、今日の見解では五万年前から三万五〇〇〇年前の間にまで遡る。そして人類はほぼ一万年前には神意を伺うために、巧みに作った粘土の球か側面になんらかの印が付けられていたのかもしれないごく初期のさいころ（貝殻か、小石か、種子か）を用いたのであろう」（ギュンター・バウアー編『さいころの五〇〇〇年』）。

おそらく一万年前よりももっと前から、神意を知るためのさいころようのものは使われていたのであろう。様々な物品の「ごく初期のさいころ」は文明の曙の地のひとつとされる〝肥沃な三日月地帯〟で発見されている。しかしこの地域だけでなく、「宝貝は多くの国々でさいころとして用いられてきた。例えばインドの盤上遊戯パチシにも使われ、六個の宝貝を一組のさいころとして、振った時にすべての宝貝が上を向いた時には最高の目の数であった」(マックス・J・コバート『文化的価値のある遊び』)。宝貝は非常に古い時代からさいころとして用いられて、インドでは連綿として遊戯具として使用されてきた。

起源は不明であるが、アメリカ・インディアンは、スチュアート・キューリンの調査によると、オクラホマのキッカポー族は桃の種子をさいころとして用い、北ダコダのアリカラ族は李《すもも》の種子をさいころにしている。カリフォルニアのプハ族は鮑《あわび》の貝殻をさいころにしている。マッケンジーのカウチョディイン族やアリゾナのナバホ・インディアンは木片をさいころにしているが、四分の三インチほどの長さの小枝を縦に割ってかまぼこ状の形にしてさいころとして用いている。

このように植物の種子や木片が使われたさいころようの記述は既にローマ時代からみられる。歴史家のタキトゥスは彼の著書『ゲルマーニア』で、ゲルマーニア族は、「果樹から切り採られた若枝《わかえだ》を小片に切り、ある種の印をつけて、これを無作意に、偶然にまかせて、白い布の上にバラバラと撒き散らす」（タキトゥス／泉井久之助訳註『ゲルマーニア』）。あらかじめ付けられた印に従って占うという。

以上のように表裏の明確な自然物はさいころとして使われ、後には印を付けた木片などもさいころであった。

さいころについても我々の祖先は優れた知恵を発揮した。画期的な発見は動物の踝《くるぶし》の骨を

アメリカ・インディアンのさいころ
a 貝殻

アメリカ・インディアンのさいころ
b 貝殻

アメリカ・インディアンのさいころ
c プラムストーン

さいころとして用いることであった。

太古の人類は神を創造し、神の機嫌をとり喜ばすためか、なんらかの祈願のために羊や山羊を神前に捧げた。犠牲を捧げる儀式は数万年も続けられ、今なお一部の人達では続けられている。供えられた動物は儀式の後で住民達によって活用された。肉や内臓は食べられ、皮や毛は衣類や敷物になり、骨は日用品や釣り針などに利用された。長い間繰り返しおこなわれた解体作業の過程で、人々は特別な脚部の踝の骨に気付いた。大きさは長さが二、三センチ、幅が一センチ半、高さが一センチ強の小さい立方体の骨である。上下の面が雲形のようないびつな形であるが、振ったり転がしたりすると立方体のうち四面のいずれかが上を向くことがわかった。貝殻のように表裏二面のいずれかでなく、四つの選択肢に対応できるものであった。

アストラガルス（複数形）とよばれるこの骨は、自然物でありながら四つの面を持つことで祈願の内容や占う対象が複雑化してきた人類の生活に対応するものであった。単純な善悪だけでなく、他の発想や次善の策なども表わすことのできるさいころであった。

トルコのアンカラの考古学博物館には、紀元前七〇〇〇年頃の住居跡から発見された一〇個ほどのアストラガルスが展示されている。一頭から得られる四個以上の数である。なんらかの目的をもって複数個集められたと判断できる。イスタンブールの考古学博物館にも紀元前五〇〇〇年頃の複数のアストラガルスが皿のような土器に入れて展示されていた。これも意図的に集められたものである。残念なことにこれらがどのように用いられたのか説明されていなかった。

キルギスのビシュケクにある国立歴史博物館にも先史時代の住居跡から発見された一〇〇個以上のアストラガルスが展示されている。このような大量の発見はきわめて珍しいが、古代ギリシアでも現在のモンゴルでもアストラガルスを「お手玉」として遊んでいるので、そのような遊戯具として用いたのであろう。因みに筆者も数組のアストラガラスを所有しているが、乾燥した骨ははなはだ軽量で、各面は湾曲していて尖った部分がないので、触れても傷付くことはない。お手玉や地面に置いて的とし、やや離れた場所から投げて当てるなど多様な遊び方ができたのであろう。

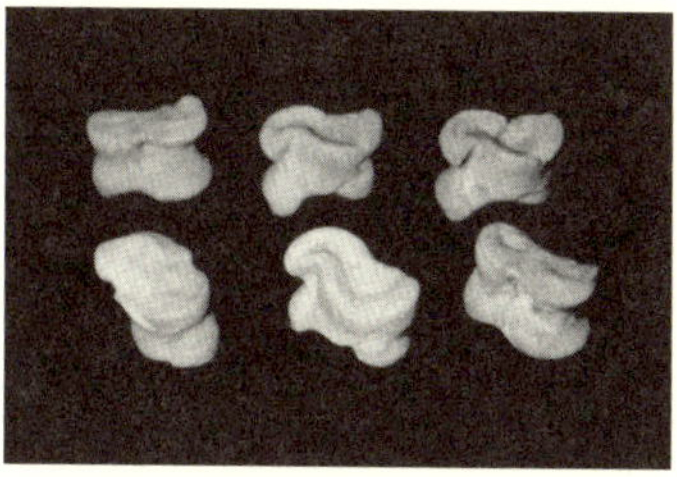

アストラガルス

我々が確実にアストラガルスが遊戯具と確認できるのは、紀元前三〇〇〇年紀の古代エジプトの盤上遊戯からである。遊戯盤や駒と共にアストラガルスが出土しているので、駒を動かすためのさいころとして用いられたことは明瞭である。一九三〇年代に古代にはメソポタミア文化圏に属していたイランのスーサの発掘調査をしたフランスの調査隊は、紀元前三〇〇〇年紀の遺跡から「さいころ」としての大小五種類のアストラガルスを発見したと報告している（フランス考古学会編『イラン考古学調査情報』第二九巻）。

アストラガルスが長期にわたって用いられてきたことは、数多くの各地からの出土品からも認められる。興味深いことは大英博物館に展示されているように、アストラガルスの形をしたガラス製品や青銅、山水晶で作られているものもあることである。紀元前一五世紀のツタンカーメンの墓から発見された遊戯盤には象牙や金で作られたアストラガルスが添えられていた。重用されていたので高貴な人々の遊戯用に高級素材でアストラガルスが模造されていたとみてよい。

紀元前五世紀頃のアストラガルスはトルコ、シリア、レバノンをはじめ各地で出土しているので、広汎な地域で長く愛好されていたことがわかる。なお、アストラガルスは山羊や羊、稀にはより小型の犬と思える動物のものもあるが、より大型の動物のものもある。イランのニシュ・イ・ヤン遺跡から発見された「牛のアストラガルスは紀元前七、六世紀のものであるが、狭い側に三と四の目が印されている。広い側（表裏の雲形の面か＝増川）にはそれぞれ一と二の目が印されていたのかは確認されていない」（ウルリッヒ・シェドラー「運―機会―僥倖―さいころの多くの面」『人類の遊び五〇〇〇年』）という報告もなされている。

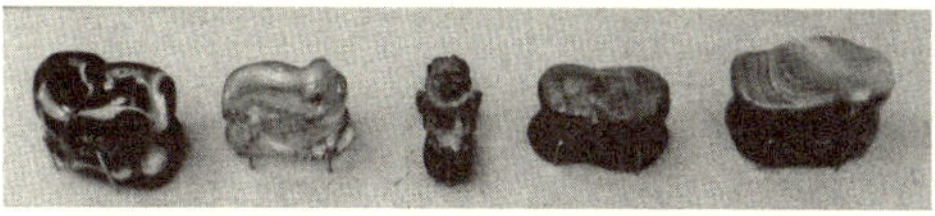

アストラガルスの模造品　オニキス、山水晶、ガラス製（ギリシア時代からローマ時代、大英博物館蔵）

アストラガルスを骨具や骨製品に分類してさいころとは別としている研究者もいる。さいころは自然物でなく人工的に作られた六面体か長方体あるいは特殊な形で、人間の知恵によって創造されたものという考えである。

「立方体のさいころで最も古いものとして知られているのは、北イラクのテベ・ガウラから出土したもので、紀元前三〇〇〇年紀前半の時代のものである。この粘土で作られたさいころは、一の裏が六、二の裏が三、四の裏が五の目であった」（前同書）。メソポタミアでは古くから立方体のさいころが使われていた。

他の地方でもインダス文明の都市遺跡からは紀元前三〇〇〇年紀のさいころが大量に発見されている。立方体のさいころだけでなく、それより遥かに多いおびただしい数の長方体のさいころである。転がすと四面のうちの一面が上を向く型である。

長方体のさいころは立方体のさいころより僅かに先行して考案されたのかもしれないが、モヘンジョ・ダロやハラッパーから出土した長方体のさいころの材料は粘土、石、獣骨、木材と様々である。多くは三重丸の目が記されているが、目は各面に一から四まで順に付けられているのではなく、なぜか一つの面に五個や六個の三重丸が刻まれていたり、丸印の代わりに×印や斜線の付けられたものもある。また断面が三角形になっている三角柱型もある。これらは遊戯具であったのだろうが、目の数がなんらかのルールを示しているのか不明である。なお、さいころの出土品の数に比べて遊戯盤の出土の数が著しく少ないので、さいころのみで遊ばれていた可能性が大きい。研究者達の著述からも古代インドのさいころ遊びの豊富な例が示されているのも、この推論を裏付けている。

長方体のさいころの目については幾つかの調査報告がなされている。パキスタンとバクトリアで発掘された古代の長方体のさいころは、多くのものの目が不揃いである。各面が一二三四となっているものもあるが、一二五六、三四五六、空白一二三など様々である。しかしこれより後の紀元前一〇〇〇年紀の新バビロン時代のイラクで出土したさいころは、いずれも目が一二三四の順になっているので、時代が下るにしたがって一定の地域では目の数が整備されたようである。

長方体型のさいころも長期にわたって広汎な地域で遊ばれた。テヘランの国立考古学博物館にはスーサから発掘された紀元前二〇〇〇年頃のものが展示されていて、同時代かやや時代が下った長方体型のさいころもアフガニスタンやタジキスタンの遺跡から発見されている。絵画資料からもインド独特の十字形遊戯盤パチシで駒を進めるのに長方体のさいころが描かれている。

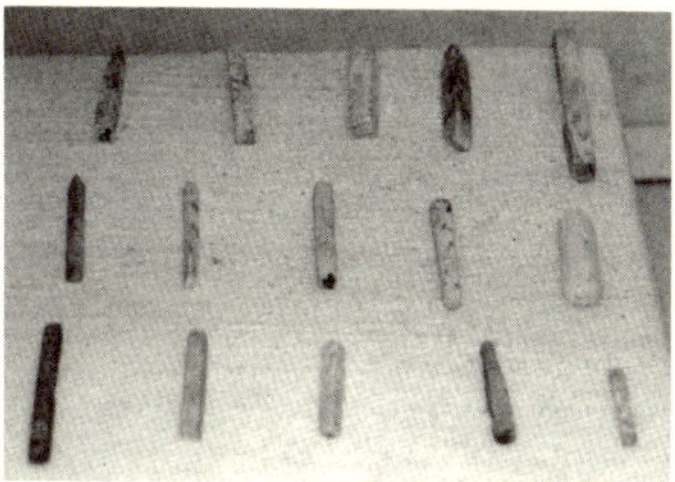
インダス文明の長方形タイプのさいころ
（モヘンジョ・ダロ博物館）

特殊な形のさいころとして、メソポタミアの都市国家ウルの王墓から発見された遊戯盤の駒と共に発見されたさいころは三角錐体である。振ると四つの稜線のうちの一つが上を向き、頂点の先端に印が付けられている。

一九三〇年代に発見されてから三角錐体のさいころはウル独特のものとされてきた。しかしかつてウルに支配されていたスーサで、紀元前三〇〇〇年紀の三角錐体のさいころが発見された。また、パレスチナのカミド・エル・ロス遺跡から発見された複数のさいころは、「基本的な二つの型があって四面体（三角錐体）と六面体（立方体）にわけられる」（ヤン＝ワールク・メーヤー「肝臓模型かあるいは遊戯盤か」『カミド・エル・ロスの一九七一〜一九七四年の発掘調査についての報告』）という。

イラン東端のシャフリ・ソフタ（またはシャー・イ・ソフタ）遺跡は紀元前二一〇〇年頃から数世紀続いた遺跡である。ここからも表面に精密な彫刻をほどこした三角錐体のさいころが出土している。調査にあたった考古学者達は、「三角錐形のさいころは明らかにメソポタミアの影響か、直接輸入された可能性がある」（M・ピヘルノ、S・サルバトリ『シャフリ・ソフタにおける墓群』）と推定している。インダス文明とメソポタミアとの交流は多くの発掘品から証明されているが、遊戯具の面からも交流が裏付けられる。インダス渓谷から発掘された三角錐体のさいころは、カラチの国立博物館やモヘンジョ・ダロ博物館で展示されている。

以上のように三角錐体のさいころは、少なくとも紀元前二六〇〇年頃のウルから一〇〇〇年以上にわたって使用されてきた。発掘品からみると紀元前一〇〇〇年頃からそれ以降は三角錐体のさいころは発見されていない。この頃には消滅していたと考えられる。ただ特殊なさいころが一定期間使われてきたことは事実である。

世界中で最も広く使われ、現在もさいころの主流となっているのが六面の立方体のさいころである。

出土品からみてメソポタミアとインダス渓谷と古代エジプトで紀元前三〇〇〇年紀から用いられてきたことに間違いはない。スーサのアクロポリスにあった装飾石棺からも天然アスファルト製の立方体のさいころが発見され、これも紀元前三〇〇〇年紀の終わり頃のものとされている。

多くの研究者達はさいころの目に注目している。「モヘンジョ・ダロから発掘された紀元前二五〇〇年から同二〇〇〇年頃までの石灰岩製の立方体のさいころは、目が一の裏が二、三の裏が四、五の裏が六で、このような目を刻んだ さいころとしては世界最古に属するものであろう」(『文化的価値のある遊び』)。このような整然とした目のあるさいころが世界最古と断定するのには疑義があるが、たしかに同時代のモヘンジョ・ダロから発掘されたさいころは一の裏が三であったり、三の裏が五であったり、四の裏が五であったりして必ずしも一つの規範があったのではなく、任意に目が刻まれていた。

ただ少し時代が下った紀元前二〇〇〇年紀のエジプトやイランのニシュ・イ・ヤン遺跡、小アジアのトロヤ第四地点遺跡、クレタ島などで発見された立方体のさいころは、これらはすべてといえるほど一の裏が二、三の裏が四、五の裏が六である。これらの地域が互いに交流があったのか、それともこの時代の人々に共通したなんらかの考えがあったのかは不明である。人間の考えが似通っているので偶然に同様の目の配置になったのかも解明されていない。

だからといって、古代のさいころの目の位置はこのようであったと断定することはできない。ベルリンのペルガモン博物館にあるバビロンで発見されたアッシリア帝国時代の複数のガラス製さいころは一の裏が二になる型ではない。いずれも不揃いの目の配置で任意に作られたのは明らかである。

スーサから発見された紀元前四世紀頃のさいころは、おそらくより古い時代から用いられていたのであろうが、一の裏が六、二の裏が五、三の裏が四の合計するといずれも七になるものであった。どのような思想的な背景があったのか不明である。

中世ドイツのマグデブルクにあったさいころ製造所跡が発掘された際、大量のさいころおよび半製品が発見された。これらは一の裏が六のさいころは稀で、この時代でもさいころの目の配置は統一された基準がなかった。さいころは最も古い遊戯具であるが、目の印の数や位置は任意であった。

五　盤上遊戯

神託を受けるためやなんらかの祈願をするために、人々は直接で露骨な方法を考え出した。神になぞらえた小像を盤上に進める方法である。

インダス文明の諸都市の遺跡から発掘された遊戯盤や駒のなかには、「人間の頭の形をしたゲームの駒」（R・ヴァサンタ『最も初期のゲームの駒の研究』）もある。これは「神になぞらえた小像」を連想させる。神は人間が創造したので、多くの神話にみられるように神の姿は人間と同じであった。

盤上に神になぞらえた駒を動かすのは神聖な儀式であった。氏族の運命を左右するかもしれない判断が下されるからである。自然物を利用したさいころの目も人智では予測できないので、神の意志の表われとされた。神の駒が進む盤上は枡目状になっていたのか小孔が列をなしていたのか不明であるが、駒がうまく終点に達したならば、人々の願いが叶えられたとされたのであろう。終点に達するのには丁度よいさいころようの目を必要としたと考えられる。駒の進むコースは一方向、つまり一直線に枡目や小孔の列があったのだろう。

盤を用いて神託を受け、神意を占い、住民の祈願を求める試みは、当初は氏族の運命を占う行為も含まれて繰り返し長く続けられたのであろう。次の段階では氏族の長の運命を占うようになり、具体的な内容として族長の健康や命運が占われるようになった。古代エジプトの壁画のなかには、独りで遊戯盤に向かう図がしばしば描かれている。例えば第一九王朝ラムセス二世の妻ネフェルタリの墓の壁画は独りで遊戯盤に向かっている彩色された図である。神に対し自分の運命を占う、という考えが継承されていたのかもしれない。

だが、永く続けられている盤を使っての族長の運命の占いには、族長の望みと神の決定の間に齟齬《そご》が生じることもあったのだろう。例えば、族長がさらなる長寿を願っても神は肯定しなかった場合が現われたと考えられる。最古の叙事詩といわれる『ギルガメシュ叙事詩』(紀元前一〇世紀頃か)にも、さらに生き続けたいと願う「エンキドウは神々により、近いうちに死なねばならぬと宣告を受ける」(矢島文夫訳『ギルガメシュ叙事詩』)。このような場合に盤での占いが成立したのか不明である。

しかし一つの方法として、神は自分の代行者を選定して、実際に族長かそのような指導者と盤上で対決させる場合があったのかもしれない。

　多くの神話に語られているように、神はいとも容易に自らの代行者やあるいは人間を造っている。前述のエンキドウも「女神は粘土からエンキドウを作った」（前同書）のであり、ギリシア神話では「ティタン神族のプロメテウスが土と水をこねて、神に似せた姿の人間を作った」（蔵持不三也監修『神話で訪ねる世界遺産』）、ゼウスが「神々に命じて最初の人間の女パンドラを作らせた」（前同書）、メソポタミアでは「エンキ神は、爪の垢《あか》から二体の人間を作り」（前同書）などである。マヤ神話では風神がトウモロコシから人間を作ったとされている。

　神々は自分の代行者や使者として人間を作り、族長と争わせたと想像することができる。少なくとも古代の人々はそのように考えたのかもしれない。実際に相手とされる駒が盤上に置かれるようになり、族長を表わす駒とが競うことによって、盤は占いの用具から遊戯盤に変身した。盤上遊戯の誕生である。

ひとりで遊戯盤に向かう女王ネフェルタリ（古代エジプト展「女王と女神」）

最も単純な遊戯盤は始発点から終点までの一方向のみのものであるが、H・J・R・マレーは『チェス以外の盤上遊戯の歴史』のなかで、インドなどで一方向の遊戯盤のあることを図示している。

具体的に現在の一方向の盤上遊戯を報告したのは民俗学者のL・フェアベークである。中南米の低地マヤ族の調査の際に、招待されて彼らの盤上遊戯を見学することができた記録である。村中の男女や子供が集まったテントのなかで「コーンの実に印を付けてさいころにして、地面に一本の筋を引き（その上に）枡目としてのコーンの実を置き、駒もコーンの実か茎であった」（資料紹介・増川宏一　リーベ・フェアベーク「ブル・低地マヤ族のパトリゲーム」『遊戯史研究』13）。観衆は酒を廻し飲みしながら熱狂してコーンのさいころの目を見守り、歓声を挙げていた。L・フェアベーク氏の諒解を得て『遊戯史研究』13に要約を紹介することができた。

ゲームが終了すると熱気はたちまち去り、枡目やさいころのコーンは放置され、誰も見向きもしなかった。しばらくすると遊んだ痕跡は完全に残らなかったと述べている。一方向一路の盤上遊戯が成立する貴重な報告である。盤上遊戯が始まってもかなり長期の期間、このように遊んだ記録は残らなかったのであろう。

現在のところ最も古い遊戯盤とみなされる石盤は、新石器時代のものである。地中海の東部沿岸であるパレスチナを含むレバント地方で発見されている。それは一面や二面という少数でなく、かなり広い地域から一二面もの多数である。

これを報告したセイント・ジョン・シンプソン博士は、狩猟採集の生活から農業生産への社会的な変動期に様々な生活上の変化を述べた後で、「新石器時代のこれらの発展を考慮すると——後の近東の文化の多くの特徴となる典型的な先行であるが——盤上遊戯に関する最も初期の考古学的資料の現われた時代であった。その証拠は一二個の遊戯盤とみなされる存在の発見であり、遊戯用の駒と認められるかもしれない数多くの小さい物体である」(セイント・ジョン・シンプソン「ホモ・ルーデンス——近東における最も初期の盤上遊戯」『古代盤上遊戯の全体像』)。

例えば、遊戯盤とみなされるのはヨルダンのナバタエ市の約六キロ北のバイダ遺跡から発見された紀元前七〇〇〇年頃の石盤である。表面に四個の小孔がほぼ同間隔に二列にあけられていて、大きさは長さ三七センチ、幅二七センチ、厚さは七センチであった。バイダ遺跡から北へ約二〇〇キロのところにあるアイン・ガザル遺跡からは紀元前六〇〇〇年から同五

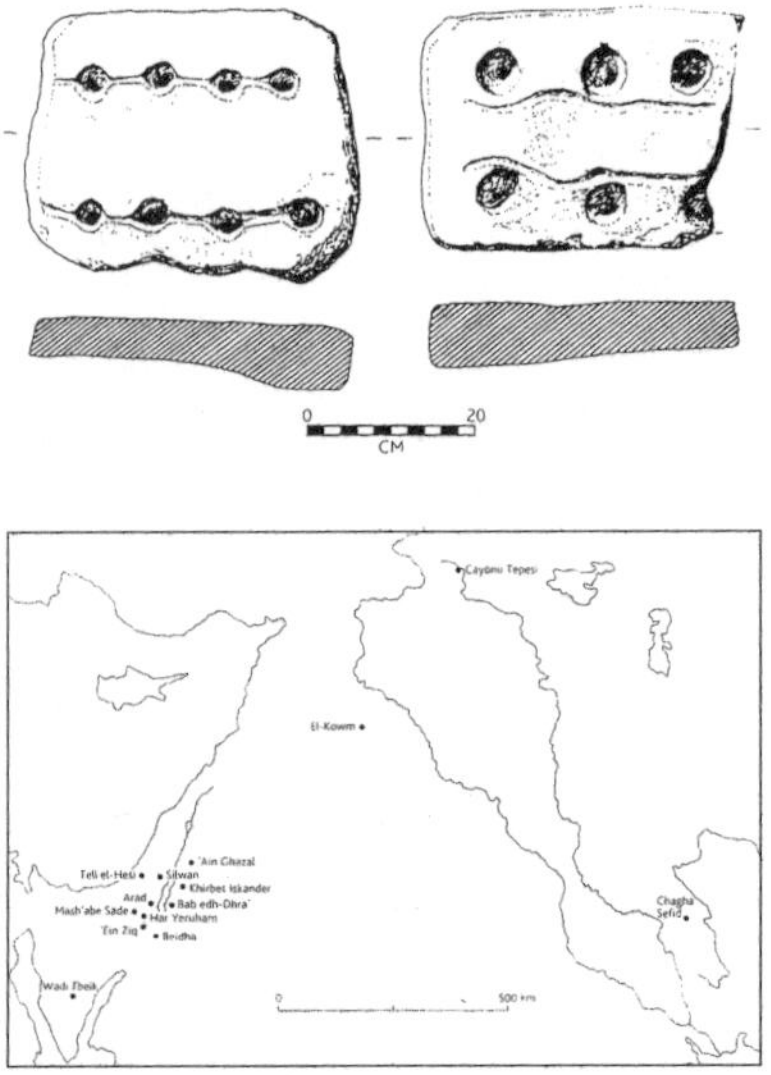

新石器時代の遊戯盤とみなされる出土品と発掘地点地図（『古代盤上遊戯の全体像』）

五〇〇〇年と推定される石盤が発見されている。六個の小孔が等間隔に二列にあけられていて、石盤は長さ三九センチ、幅一六センチで、最も広いところは幅二三センチで厚さは約二センチであった。

　小孔の列は自然にできたものではなく、明らかに人間の手によって作られたものであった。用途についてはなんらかの宗教用具か信仰を表わしたものとも考えられたが、該当する類似品は発見されなかった。大英博物館近東部のアーヴィング・フィンケル博士は、「盤上でゲームを遊ぶことは古代社会で確実に慣習となっていた。最新の考古学上の発掘例はほぼ紀元前七〇〇〇年頃の時代からで、近東の無土器新石器時代からの少数の例がある」（アーヴィング・フィンケル「盤上遊戯の全体像序論」『古代盤上遊戯の全体像』）と述べている。

古代の遊戯盤とみなされる石盤は石灰岩か石膏で作られていて、少なくとも一〇面はレバント地方から密集して——といっても南北約二〇〇キロ、東西約一五〇キロの範囲であるが——発見されている。小孔はどれも二列または三列あけられていて、長さはいずれも三七センチから三九センチ、幅は一六センチから三二センチ、厚さには若干の差があるものの全体としてほぼ同じ大きさといえるものであった。他にやや南にもう一点、かなり離れたイラン西端部のチャガ・セフィド遺跡からも一点が発見されている。

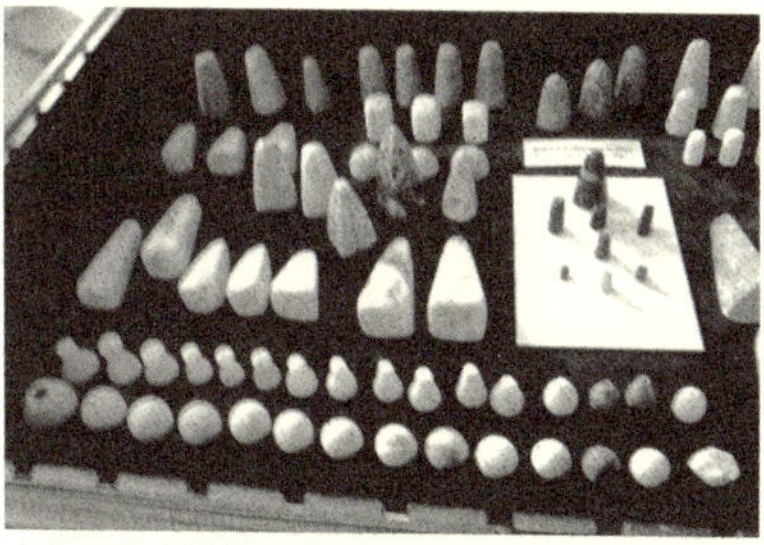
古代の盤上遊戯の駒（M. E. der 氏蔵）

シンプソン博士は、さらにこれらの石盤が「新石器時代の遊戯盤とされる証拠は、ゲーム用の駒と説明する以外にない小さな物品の発見である。トルコ南西部のカエニ・テベシ遺跡の発掘調査で発見されたのは二二個の平らな底のある石灰石の〝チェスのポーンのような駒〟が貯蔵されていたことである。各々の高さはほぼ三・五センチであった。どれもよく磨かれていてゲーム用の駒と解釈することができる」(「ホモ・ルーデンス――近東における最も初期の盤上遊戯」『古代盤上遊戯の全体像』)という。

底の平らな物品は立てて置くことができるためと推定している。他にも近東から新石器時代に粘土で作られた小球や円錐体、四面体が発見されている。使途は不明とされているが、博士は盤上遊戯の駒か得点用具という考えが有力であると述べている。

千葉県の松戸市立博物館で二〇〇五年一〇月から一一月にかけて催された「ペルシャ文明の曙展」にきわめて興味深い物品が展

インダス文明のゲーム用の底の平らな駒(カラチ国立博物館蔵)

示された。イラン南部のシーラーズ市北方のタルイ・ジャリA遺跡から出土したもので、後世の遊戯盤の駒と酷似した「土製品　円形土製品・コスメティック」が一四点(紀元前六〇〇〇―前五〇〇〇年紀)である。他に同じ遺跡から出土した穴のあいた小円板の「貝製品　宝貝・貝小玉」が三六点(同)も展示されていた。

ゲーム用の駒も含めて上記の新石器時代の「遊戯盤」について次のように考えることがで

きる。

第一は、小孔は枡目の位置を示しているとみなされる。

第二に、二列または三列の小孔は、二人または三人で遊ぶことができ、それぞれのコースに自分の駒を進めたと推定できる。

第三に、小孔は小さくかつ浅いので、穴に複数の小石や種子を撒いていくマンカラ系統の遊びには適していない。

理論上は最も古い遊戯盤は一方向一列の枡目または小孔であり、二列または三列の小孔(枡目)のある遊戯盤は一方向一列から進化したのか、遊戯盤として成立した最初から二人で競う二列であったのかは不明である。いずれにしても、今後の発掘調査の進展に期待しなければならないであろう。


シンプソン博士は、レバント地方のやや時代が下った青銅器時代の遊戯盤とみなされる石盤にも言及している。

前述と同様に石盤に小孔の彫られたものであるが、小孔の数や配置が様々である。例えば四個の穴が七列になっているもの、四個の穴が一〇列になっていたり、二個の穴が一〇列に

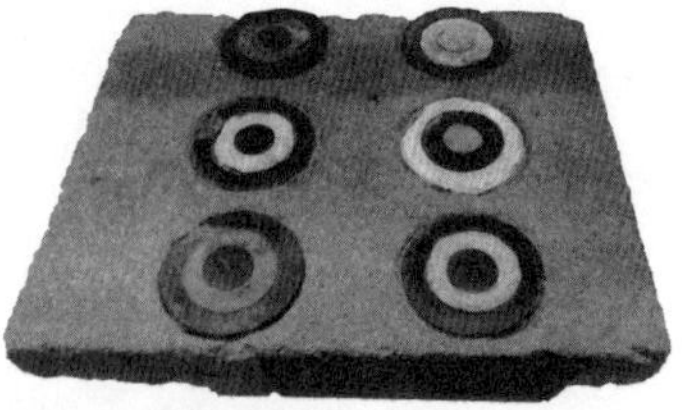

使途不明の玄武岩製の小円板　東トルコのトプラカレ出土（紀元前8世紀、大英博物館）

なっているものもある。二個の穴が一四列または一六列になっているのも発見された。とはいえ「最も多くの例は三個の孔が一〇列に並んだものであった」（前同書）。

衝撃的な記述である。古代の遊戯盤に詳しい方なら即座におわかりであろうが、古代エジプトの遊戯盤セネトは一〇枡目が三列に並んだ型である。セネトは「先王国時代の終わり頃、紀元前三一五〇年より前に象形文字でセネトのゲームを示す言葉が記されている」（ペーター・A・ピッシオーネ「エジプトのゲーム・セネトと霊魂の移転」『古代盤上遊戯の全体像』）。これより以前からセネトが遊ばれていた可能性はきわめて大きい。紀元前四〇〇〇年紀の終わり頃にはセネトは既に遊ばれていたという。第一王朝期のアブ・ラワンにあるデベン王の墓には、セネトで遊んでいる壁画がある。

物証があることで遊戯盤はきわめて古い遊戯具ということができる。古代エジプトでは蛇形遊戯盤を用いるメヘンという盤上遊戯もセネトと同様に古くから遊ばれていた。メソポタミアでは独特の形をした「二〇枡目の遊戯盤」による遊びがあり、古代エジプトでの発見が最も古い小孔の列のある「五八穴の遊戯盤」も遊ばれていた。この他にもエルサレムのシルヴァンにある洞穴墓地に彫られた遊戯盤や遺跡に描かれたベドウィンが愛好する「動物を包囲するゲーム」の遊戯盤など非常に古い時代から遊ばれていたと推定される盤上遊戯も少なくない。古代の遊戯盤については拙著『盤上遊戯の世界史』(平凡社刊)を参照していただきたいが、遊戯盤もまた人々の知恵の結実である。

新石器時代の遊戯盤とみなされる石盤は、数種類ある古代エジプトやメソポタミアの遊戯

蛇形遊戯盤メヘン（カイロ考古学博物館蔵）

遊戯盤セネトと駒（カイロ考古学博物館蔵）

58穴の遊戯盤とさいころ（ベルリン・ペルガモン博物館蔵）

盤の祖先の一つであろう。他の祖先とみなされる遊戯盤が存在する可能性も大きい。これもまた今後の発掘調査の成果に期待しなければならないであろう。

インダス文明の遊戯盤と駒（カラチ国立博物館蔵）

数の印を付けた山水晶製の遊戯用カウンター（ローマ時代1-2世紀、大英博物館蔵）

六　その他の遊戯具

遊戯具は当初は自然物を利用していたが後になって人工物に代えられたり、また子供の玩

モヘンジョ・ダロから発掘された遊戯具（『モヘンジョ・ダロの遥かな時代からの発掘』）

具から大人が熱中するものまで様々である。これまで幾つかの遊戯具について述べたが、人間の欲求にしたがって多種多様なものが産み出されたといえる。これらのなかには植物の蔓《つる》を利用した「ぶらんこ」のように、遥か古代から遊ばれていたであろうと推定できる遊戯具もある。残念ながらいつ頃から遊ばれていたのかまったく証拠が残っていなくて、このような「遊戯具」も少なくないであろう。

この節では物証が比較的新しく、といっても紀元前数世紀であるが、実際には遥か遠い昔から遊ばれていたのかもしれない遊戯具を主として取りあげたい。

ドイツのハイルブロン市立博物館で一九九三年に「ローマ時代と中世の遊戯具展」が催された。その時に一一個のほぼ同じような大きさの牛の爪先《つまさき》の骨が展示された。いずれも長さ約五センチ、直径一・五センチほどである。この骨はバル

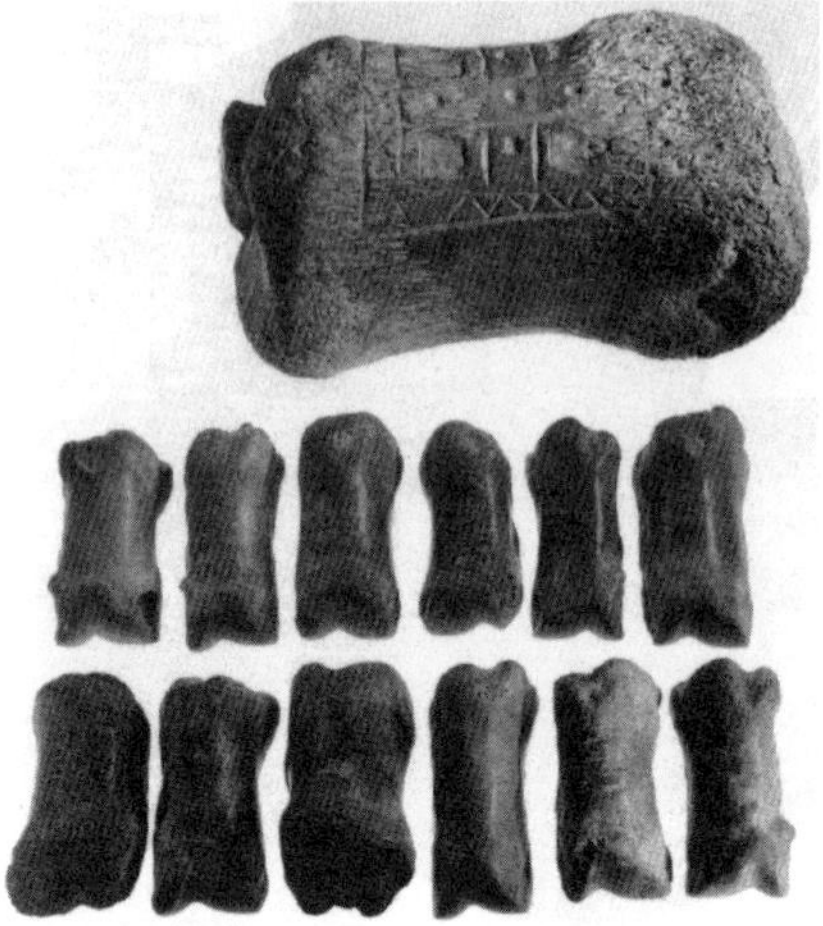

牛の骨の遊戯具（『文化的価値のある遊び』）

ト海に面した北の古い港町ロストクの住居跡から発見されたもので、それぞれの骨には数字とみなされる刻み目が付けられていた。学芸員達は古代から伝わる遊戯具と判断した。

　この骨を解説したエヴァ・スタウヒ博士は、アストラガルスと同様に牛や馬の爪先の骨も少なくとも五〇〇〇年前から遊戯具として使われてきたと述べ、このような〝自然物の遊戯具〟はギリシア時代やローマ時代も用いられ、中世ドイツに至っても子供達の玩具になっていたと説明している。

　さらに続けて、これらの骨は胡桃《くるみ》の種かコインのように地面に置いて、一定の距離から投げて当てるか、壁際に立てかけて投げて当てるか、それとも九柱戯（現在のボウリングの原型）のように使っていたのか、いずれかあるいは全部かもしれないと推定した。しかし「人々はこの小さな骨を投げて遊んだのか、九柱戯のように立てて置いたのか確かなことはわからない」（エヴァ・スタウヒ「これはすべて子供の遊びか」ハイルブロン市立博物館編『ローマ時代と中世の考古学上の発掘品』）という。

古代の子供の玩具はきわめて僅かしか残っていない。古代の聖域とされた場所や住居跡から発見される場合もあるが、多くは子供を埋葬した墓の副葬品として出土したものである。これらについて考古学者達は慎重に考えて遊戯具と断定しないものが多い。

大英博物館に紀元前二一〇〇年から同一四五〇年までのミノア文明時代の小さな円盤が所蔵されている。ペトラスとパライカストロから発見された石製の三点で、一つは外縁に沿った個所に小孔が一つ、他の二点は小孔が二つ並んであけられていた。小孔に僅かな繊維片が付着していたので、小孔に紐を通して両端を右手と左手に持ち、拡げながら石盤を回転させたものと推定された。

古代パレスチナの墓や住居跡からも粘土製の小さな円盤が幾つも出土している。直径は三センチから五センチまでで、すべてに複数の小孔がある。この孔に「二重に紐を通して、

ミノア文明の小円板　小孔に紐を通して回転させたか？（紀元前2100-前1450年、大英博物館蔵）

引っ張ったり緩めたりして回転させ〝皿独楽〟のように振り動かしたり跳ねさすものであろう」（『古代パレスチナの遊びと遊戯具』）。大英博物館蔵の小さい石の円盤もパレスチナの粘土の小円盤も共に〝皿独楽〟のように回転させて楽しむ遊戯具であろう。より古い時代から楽しまれていたのであろうが、詳細は不明である。

ベルリンの新博物館が所蔵している小さなガラス玉は、先史時代の中部エジプトにあった古代都市ネガティ（紀元前三二〇〇―前三〇五〇年頃）から発掘されたものである。三個のガラス玉は青色と濃緑色の縞のある美しいもので、他の一つは茶色と濃褐色である。使途は不明とされているが、同時に発見されたのが遊戯盤「犬とジャッカル」の駒に酷似したものと、斜めに複数の刻み目のある「ゲーム用の小棒」である。ガラス玉も駒かカウンターとして用いられた可能性が大きい。遊戯盤「メヘン」にも駒として小さいガラス玉が使われているので、それと関連があるのかもしれない。

ガラス玉のみで独立した遊戯具として用いられたとみなされる場合もある。地中海沿岸の遊戯具展で、エジプト第一王朝から第二王朝期にかけての「ビー玉」が一か所から五〇個以上もまとめて発見された展示があった。透明に近い玉や乳白色のもの、色とりどりの縞模様の入ったものもあり、遊戯具と説明されていた。大英博物館にはクレタ島のペツォファから出土した陶器のボールや大理石の小球（紀元前二〇〇〇―前一七〇〇年）が展示されている。これには遊戯具という説明はない。

アテネの新パルテノン博物館にはミノア文明のテラコッタの小球六個（紀元前二〇〇〇年紀後半）が展示されている。ここにはペロポネソス半島の古代都市メセニアの第二号墓から発見された紀元前一五世紀の粘土で作った胡桃《くるみ》の種もある。胡桃の種は少し離れた場所から投げて置かれた種に当てる遊戯具であった。それゆえ粘土で作られるほど需要があったのだろう。大英博物館にはキプロスのエンコミから出土したテラコッタの小球（紀元前一三〇〇―前一一〇〇年）がある。これも遊戯具であろう。このように古代社会でエジプトからギリシア、キプロスに至る広汎な地域で小球が作られていた。

フランスの考古学博物館にはギリシア時代からローマ時代にかけてのテラコッタ製の胡桃の種がある。これは明確に遊び道具と認定されている。古代の胡桃の種やおそらく小球も前述のように投げて当てるか、地面に三角形を描いてその枠から出ないように投げるなど幾つかの遊び方があった。

ヨーヨーは意外にも古代から遊ばれていた。たぶん糸巻き用具からヒントを得たものであろうが、あるいは独楽からの着想かもしれないが、これも人間の知恵の表われの一つである。

当初はヨーヨーは遊び道具でなかったのかもしれない。「ヨーヨーは、東南アジアでは古代から知られていました。フィリピンでは、木かげから敵の頭めがけて投げて殺す武器として実際に使われていました」(『おもちゃの文化史』)。

赤絵の壺に描かれたヨーヨー(ベルリン・プロイセン文化博物館蔵、『古代ギリシアのスポーツとレクリエーション』)

このような使用法もあったのだろうが、古代エジプトでは既に遊戯具として用いられていた。「ヨーヨーはさまざまな形があり、我々の知る形で出現したのはエジプトとギリシアにおいてである」(マルセイユ博物館図録『古代の遊び』)。

ベルリンのプロイセン文化博物館に紀元前四四〇年頃のギリシアの赤絵の壺がある。これにはヨーヨーで遊んでいる子供が描かれている。我々が知っているのとまったく同じ形である。ギリシアではよく遊ばれていたのか複数個のヨーヨーの現物が発見されている。フランスでは紀元前三世紀から紀元後五世紀までをガロ・ロマン時代と呼んでいるが、この時代のセーヌ川源流の地域で木製のヨーヨーが発見されている。「二枚の円盤が中心で短い筒でくっ付けられている。この筒は紐で端に固定され、そこに紐を巻き付ける」（前同書）。構造も現在のものと完全に同じである。

玩具が大人の日常を模倣することが多い。古代社会でも子供達の手によってあるいは大人達の手助けや大人達の目的によって様々なミニチュアが作られた。

神像や動物像が多数作られてきたことは既に述べたが、日常生活に用いられる諸道具のミニチュアも少なくない。なかでも荷車か戦車のミニチュアが多数出土しているのは、当時の先端技術として注目されていたからであろう。

例としてイラクのバクダッド博物館にはカファジで発掘された荷車に乗った小像が展示されていた。石灰石製であった（筆者が見学したのは湾岸戦争前なので現在は展示されているのか不明である）。四頭立ての二輪車で二人の人物が乗っていて、年代は紀元前三〇〇〇年紀の後半である。同じ時代の青銅製の荷車のミニチュアもカファジで発見されている。大英博物館にはトルコ東部で発掘された紀元前二〇〇〇年頃の青銅製の二輪車が所蔵されている。

これらは遊戯具なのか、記念品として作られたのかまたは荷車や戦車の操作のために作られたのかは不明である。しかしモヘンジョ・ダロを発掘調査したE・J・H・マッケイは出土したミニチュアの二輪車を玩具と断定している。子供が見よう見まねで作ったもので「通常の陶工が粘土をこねて（上手に）作られたものでなく、手荒く作られていた」（『モヘンジョ・ダロの遥かな時代からの発掘』）からだという。非常に不恰好な二輪車だったからである。

家具や食器、容器類のミニチュアも各地から数多く出土している。ままごとはいつの時代でも子供達の関心を惹く遊びであった。ベルリンの中近東博物館にはバビロンから発掘された紀元前六世紀の粘土で作られたミニチュアの机と寝台がある。この他にも同時代の粘土製のミニチュアの鏡もある。

ギリシアでは紀元前五世紀の粘土で作られた赤ん坊が揺り籠で寝ているミニチュアがある。この赤ん坊について、「象徴的な代用品でなく実際のおもちゃか、幼い死者の墓に副葬品として納められた可能性も否定できない」（ルーヴル美術館展『美の宮殿の子どもたち図録』）と説明されている。

以上はごく僅かな例であるが、紀元前五世紀以降のギリシアでは明らかに子供達の〝ままごと〃用の遊び道具が出土している。おびただしい数で家具類や日用品もみられる。むろんギリシアだけでなく、他の地方でも同様の粘土やテラコッタで作った遊戯具が発見されている。

ルーヴル美術館蔵のギリシアの赤絵の壺（紀元前四二五年頃）には〃棒馬〃で遊ぶ子供が描かれている。棒にまたがった姿勢で歩むもので、棒の先には馬の頭が付いている。赤絵の説明は「ダダで遊ぶ子供」になっているので〃棒馬〃のことを〃ダダ〃とよんでいたことがわかる。同館蔵の別の赤絵の壺（紀元前四一〇年頃）にも〃ダダ〃で遊ぶ子供が描かれているので、人気のあった遊びの一つであったのだろう。

子供が楽しむ玩具は大人が子供を慈しむ気持ちとあいまって多種多様な形が作られ、着色され材料も吟味されながら連綿と続けられた。

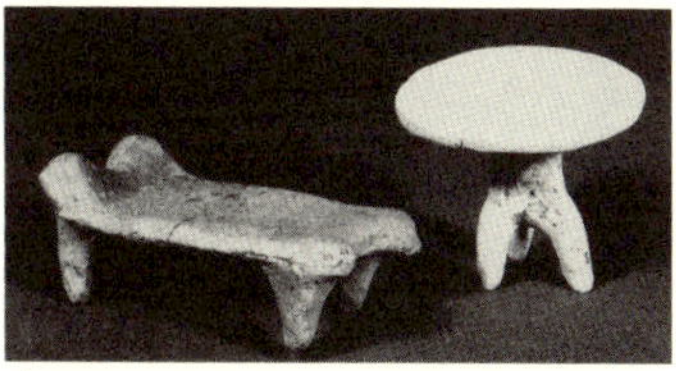
家具のミニチュア　バビロン出土（紀元前6世紀頃、ベルリン中近東博物館蔵）

棒馬（ルーヴル美術館蔵）

終章

一　遊びの共通点

人間の発想が同じなのか、遊びに至る過程も遊びそのものも類似したものが多い。交流が考えられない遠く離れた地域で、酷似した遊戯具が発掘されている。

既に述べたように多くの博物館では先史時代の「ヴィーナス」とよばれる女性像を所蔵しているが、その範囲は少なくともヨーロッパからユーラシア大陸にわたっている。さらに、豊穣と繁栄を表わす女神像は地球上のあらゆる場所で作られたといっても過言ではない。精巧でリアルな動物の小像も世界中で作られた。人類の多くが自分の祖先の姿として作ったのかあるいは他の目的で作られたのか不明であるが、これもまた世界中でみられる。

前章でミニチュアの日用品、雑貨などに触れたが、玩具の研究者は「おもちゃは、民話や宗教説話と同じように、お互いの関係は全くないのに、パターンの似かよったものが世界各地に現われては消えていきます。それはつまり、こういうおもちゃが、人種や時代を越えて、幼児の本能に奥深く根ざしているからに違いありません」（A・フレーザー／和久明生、菊島章子訳『おもちゃの文化史』)。人類が共通しているという指摘である。

遥かに遠い数百万年前から人類は暮らしのなかに〝遊び〟といえるかもしれない行為があったのだろう。百数十万年前から意識するとしないにかかわらず生存に直接関係しない活動をおこなっていたのであろう。長い長い時間をかけて人類は〝遊び〟とよぶことのできる行為を繰り返してきたのかもしれない。ホモ・サピエンスの時代になって、それがより明確になってきたと考えられる。しかし残念なことに何の証拠も痕跡も見出すことはできない。遊戯の起源を探究するうえで最も隘路になっているのはこの点であろう。

長期にわたる「競わない遊び」の時代から自然発生的に狩猟生活のなかで生まれた肉体的能力を競う遊びも、証明することははなはだ困難である。我々は辛うじて彫像や広義の彫刻、絵画資料から類推するのみである。

それに比べて道具を使う遊び、少なくとも遺された道具から遊びを推定するほうがまだ難易度は低いかもしれない。具体的には球体、ボールである。中国できわめて古い時代から用いられてきたことを述べたが、古代エジプトでも遊び道具としてのボールが発見されている。「先史時代にさえボールが子供と一緒に葬られている。それらのボールは単色、時には数色の皮を縫い合わせて覆われており、中味は細かく切りきざんだ藁や芦が詰められている」（A・D・トウニー、ステフェン・ヴェニヒ／滝口宏、伊藤順蔵訳『古代エジプトのスポーツ』）。

遊戯具としての球はいつの時代からか不明であるが、アメリカ・インディアンは実に豊富な球による遊びを創造している。スチュアート・キューリンによって詳細な報告がなされていて、膨大な実例から数例を紹介すると次の通りである。

モンタナのクロウ・インディアンやネヴァダに住んでいるパイウーテ・インディアンなどは、投げ合ったりサッカーのように蹴るボールで遊んでいる。大きい球は直径が六インチで内にヨモギ属の植物の葉が詰められている。イーストポートのマイン族は獣の皮で作ったボールや動物の膀胱の上に植物繊維を巻き付けたボールで遊んでいる。

アリゾナのピマ・インディアンは、小さい直径二インチ半ほどのボールで遊んでいる。これは蹴り続けて走る速さを競うキックボールである。ボールは鹿革で作られている。オレゴンのウマティラ・インディアンは、ゴルフのように杖でボールを打って遊んでいる。この遊びは各地のインディアンが好んでいるが、杖の長さが各部族によって異なっている。

先端に網を付けた棒でボールを空中で打ち合う遊びも広くおこなわれていて、フロリダのセミノール・インディアンは直径三インチ弱のボール、カリフォルニアのインディアンは鹿革で作った直径三インチのボールを打ち合っている。ニセナン・インディアンは三六インチの長い棒であるが、トプナブゲム・インディアンは一三インチの短い棒を用いる。

ボール遊びは広い地域でおこなわれているが、それぞれの地で独自に考えだされたもので、互いの地が交流していた記録も証拠もない。人間の遊びを創造する考えは似通っているのであろう。ボールの材料はそれぞれの地で異なるのは当然である。

さいころようの物品も発想が同じなのか類似している。アメリカ・インディアンは占いの道具としてもさいころとしても、小枝を短く切って、さらに縦に割った木片を使っている。

セミノール・インディアンのボール遊びの道具（『北アメリカ・インディアンのゲーム』）

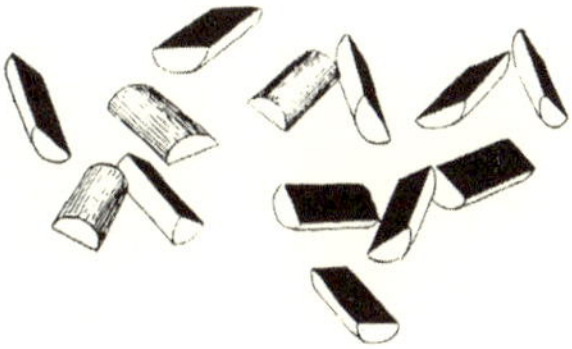

アリゾナのアパッチ・インディアンのさいころ（『北アメリカ・インディアンのゲーム』）

いわゆる「かまぼこ形」である。抛り投げて落としたり振ると平面か湾曲した面のいずれかが上を向くので、占具やさいころとして用いている。

朝鮮の古くからの盤上遊戯ユンノリに使われているさいころも「かまぼこ形」である。元来は中国で占いに使われていて、後にさいころになったものが朝鮮に伝わったものであろうが、朝鮮で「かまぼこ形」のさいころは多用されている。アメリカ・インディアンと朝鮮の人々は、どちらかが学んだのでなく互いに独自に考えついたものであろう。

アリゾナのパパコ・インディアンはバイソンの踝の骨をさいころとして用いている。彼らはこの骨を「タンワン」とよんでいる。動物の踝の骨は古くからの遊牧民族でも用いられているが、アメリカのインディアンと交流があったとは考えられない。

これもスチュアート・キューリンの調査報告であるが、ハドソン湾西岸のイヌイットは野兎の頭蓋骨で作った本体に、兎の骨で作ったピン状の棒を革紐でつなぎ、頭蓋骨をふり動かして巧みに骨の棒が突き刺さるかどうかの遊びに興じている。我々が知っている拳玉（剣玉と記す場合もある）である。中世ヨーロッパで流行した「カップ・アンド・ボール」である。バフィンランドのイヌイットは、北極熊の骨を約五インチの長さに切り、それに幾つもの穴をあけて拳玉の本体にしている。海豹《あざらし》の骨を四インチの長さに切り、半分を空洞になるようにして革紐の付いた棒を操作して遊んでいる。棒の一端が本体の空洞部分にうまく刺さるのかを競う遊びである。

イヌイットのなかには狐の頭蓋骨を円錐形に加工して多数の穴をあけ、拳玉の本体としている場合やマッケンジーのカウチョディン・インディアンは有袋動物ファランゲアの骨に穴をあけて拳玉の本体とし、同じ動物の細長い骨を二六インチの長さの革紐でつないで遊んでいる。

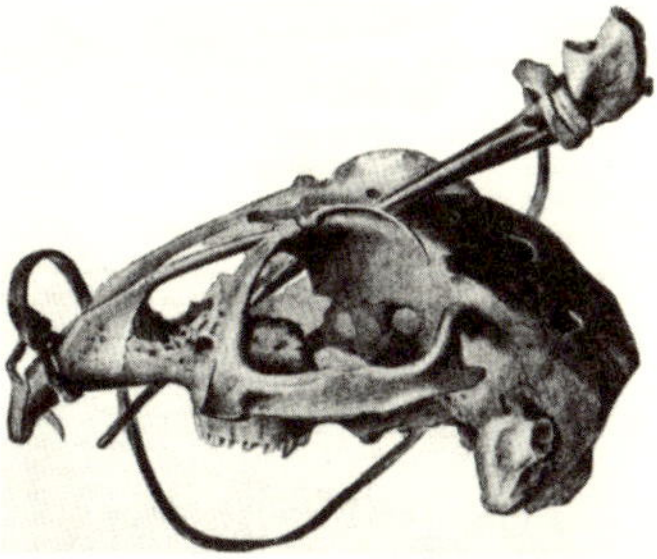
動物の頭のイヌイットの拳玉（『北アメリカ・インディアンのゲーム』）

動物の頭蓋骨や骨を使った拳玉は、「小動物の頭蓋骨を使った遊びが多くの狩猟民族の間で行なわれていましたが、本来は狩の儀式からきているものと言われています」（『おもちゃの文化史』）。しかし多くのアメリカ・インディアンは木の皿や木製の半球と繊維や縄に結びつけた棒とで組み合わせて拳玉として遊んでいる。

拳玉は古代ギリシアで既に考案されていたとか中国で発明されたとする説もあるようだが確認されていない。中世

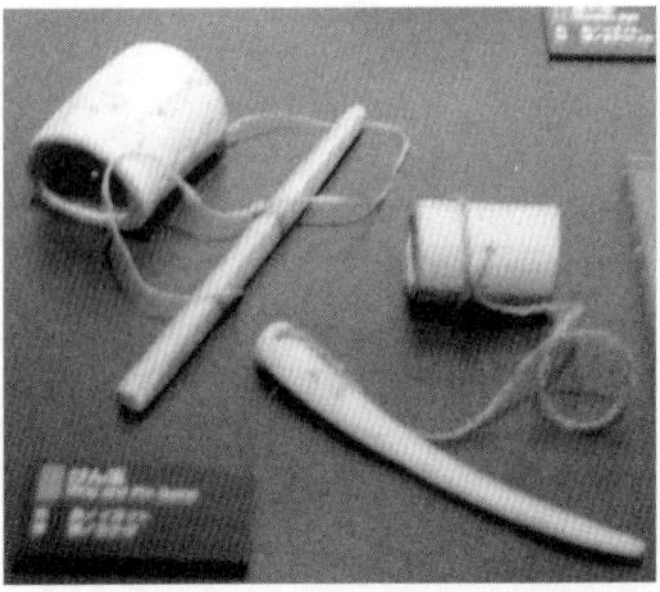

海豹の骨のイヌイットの拳玉（「北海道立北方民族博物館　特別展」1994年）

古代エジプトの独楽（カイロ考古学博物館蔵）

のヨーロッパで流行したがそのルーツも不明である。ただいえることは、イヌイットは小動物の頭蓋骨を利用して拳玉を作ったのは彼らの考案であろう。拳玉もまた人間の知恵の産物であり、各地での発想は共通しているとみてよい。

独楽《こま》もインディアン達は自分達で考えだしたという。「独楽はペルーで先史時代から存在し、ヨーロッパから来た白人達がインディアンの独楽を知る以前からインディアン達に独楽は知られていた」（スチュアート・キューリン『北アメリカ・インディアンのゲーム』）。アメリカ大陸で独楽は古い時代から独自に遊ばれていたという。インディアン達は手回しよりも〝鞭打ち独楽〟が通常で、独楽の材質は木、動物の角、石、粘土と多岐にわたっている。「紡錘《ぼうすい》型の鞭打ち独楽はエスキモー達の冬のゲームで、氷上で遊ばれている」（前同書）。

スチュアート・キューリンは様々な形の多様な独楽を紹介している。そのうちの幾つかを述べると、アラパホ・インディアンは円筒形で下部の尖った木製の高さ三インチ半の独楽で遊び、モンタナのブラックフット・インディアンは同じ形であるが二インチから二インチ半のやや小型である。

アルバータのクリー・インディアンは逆円錐形の高さ二インチ半の独楽を用い、オクラホマのカイオワ・インディアンなども同様の独楽であるが、なかには高さ四インチ半の大型の独楽もあるとしている。いずれも二五インチほどの長さの棒の先に付けた短い紐の房で独楽を打っている。

珍しい例はワシントンのマカー・インディアンで、直径二インチ半の独楽の心棒に紐を巻きつけて回す方法を用いていることである。コロンビアのマカー・インディアンも同様である。この他に直接に指でつまんで回す独楽も遊ばれていて、モンタナのインディアンは直径四インチの木の円盤に木の軸を差し込んだ独楽である。他のインディアンも大小の独楽を作

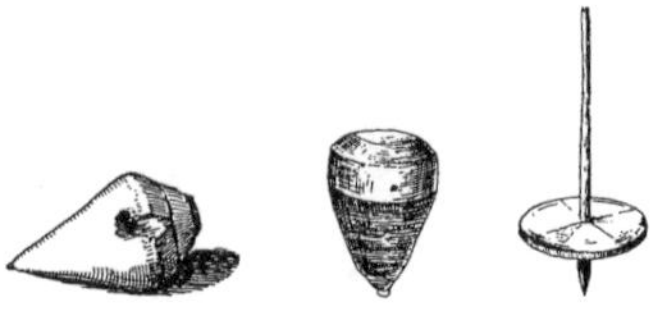

インディアンの独楽　左：ケレス族、中：カイオワ族、右：ヤクタト族（『北アメリカ・インディアンのゲーム』）

り、アラスカのイヌイットは海象《せいうち》の牙で作った高さ三インチの独楽で遊んでいるなどである。

これらのインディアン達の独楽は、外見からみると古代ギリシアで使われていたのと同じである。しかし、交流によって類似した独楽が作られたと証明することはできない。

興味深いのはインディアンやイヌイット達が「ブズ」という玩具を作っていることである。「ぐるぐる回る玩具で、骨、陶器、貝などで作られている。それに一つか二つの穴をあけて長い紐を通したもので、インディアンの子供達にはありふれたおもちゃである」（前同書）。遊び方は、骨に通した紐は子供が両手を拡げたほどの長さで、子供達は紐の両端を持って拡げたり閉じたりすると、骨が回転するというものである。むろん、骨は紐の中央にくるように細工されている。

具体的な例として、モンタナのアトシナ・インディアンは短い牛の骨に紐を結びつけて、その紐の両端には短い棒が結びつけられている。棒は紐を扱いやすくするための工夫である。グリーンランドのイヌイット達は動物の皮で直径二インチ半の円板を作って二か所に小孔をあけたり、木の板で細長い形を作り中央部に穴をあけて二本の紐を通している。
アラスカのイヌイットは長さ三インチ半、幅二インチ半の木の板に二本の紐を通しているが、一面に魚や鯨などの絵、他の面にはトナカイや狼の絵を描いている。赤や黄色で着色されたものもあり、アリゾナのホピ・インディアンは円板に花模様や星の模様を描いている。

読者は既に気付かれたように、インディアンの「ブズ（地方によってはバズ）」は大英博物館蔵のパレスチナの円盤の遊戯具と酷似している。人間の考えるものは同様という、これもまた証拠の一つであろう。

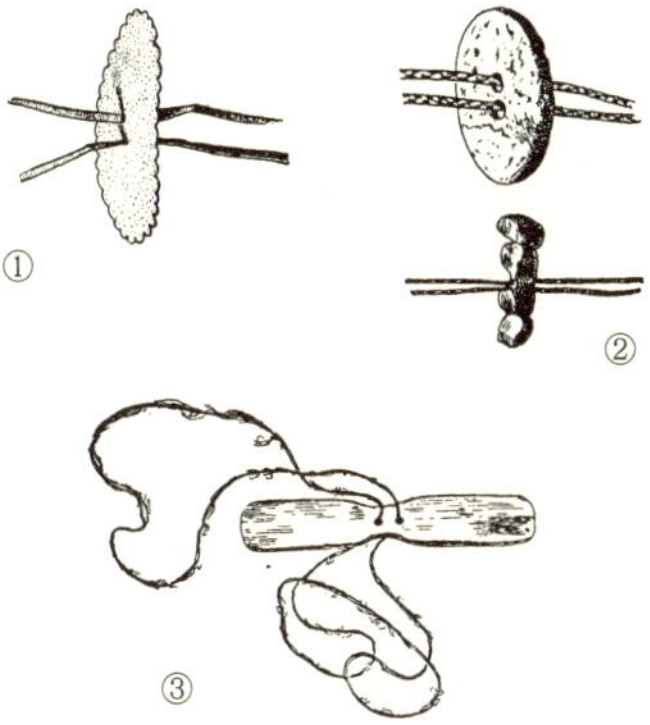
①
②
③

インディアンの「ブズ」 ①バフィンランドのエスキモー、②西ハドソンのエスキモー、③ケープヨークのエスキモー（『北アメリカ・インディアンのゲーム』）

丹念に調べれば、さらに多くの遊戯具が遥か距《へだ》たった地域で同様な遊びが発見されるであろう。人種や民族、時代が異なる場合であっても人間の発想は共通しているとみなされる。

国立科学博物館人類研究部長の篠田謙一氏は「DNAから見えた日本人の起源・番外編」という新聞記事で次のように述べている。

DNAは、出アフリカを成し遂げた人々の数はせいぜい数百人から数千人だったことを教えています。このことは、世界に広がる人類はすべて同じ体格と知能をもった人たちの子孫であり、世界中のさまざまな文化は同じ能力をもった人たちによって創造されたことを意味します（「しんぶん赤旗」二〇一五年一一月三〇日）。

このようにみるならば、世界中の遊戯や遊戯具が似ていることが納得できる。

二 異なった遊び

古代の遊びは人間の知恵と感性の結晶であるゆえ、共通点がはなはだ多い。しかしこれと矛盾するようであるが、各地に根付いた遊びはそれぞれの地方ごとに独自性を持っている。

アリス・ロバーツ博士は中国北部の遼寧省祝家屯という場所で考古学者のジョー・カミンガと対話している。ジョーの発言として、「アジアでは気候も植生も違うということだ。ここではヨーロッパにない材料が手に入る。それは竹だ。竹はしなやかで強く、他の地域では石で作っていたさまざまな道具を竹で作ることができるんだ」（アリス・ロバーツ／野中香方子訳『人類20万年　遙かなる旅路』）。この地方の竹は直径が一五センチもあるが加工が容易で〝旧石器時代の竹の道具〟を再現するのは決して困難でないという。

各地方のそれぞれの遊戯具は材料がその地方で最も手に入れやすいもので作られていることは粘土や特産の植物、海産物など既に述べた通りである。これと共に遊びそのものもまったく別の過程を経て創造されたり、別の発想から生まれたものもある。

その典型的な例の一つが、さいころとして用いた物品である。インダス文明の都市遺跡から大量の長方形型や立方体のさいころ、稀には三角錐体のさいころが出土していることは既述の通りであるが、古代インドでは別の物品が「さいころ」として用いられていた。紀元前一二世紀頃に記述が始まったとされる聖典『リグ・ヴェーダ』の「賭博者の歌」のなかに、次のようにある。

彼ら（骰子）もて賭博に耽らじと、われ心に思うとき、去り行く友達のあとにわれ（ひとり）残さる。また褐色のもの（骰子）が賭場に撒かれて声を挙ぐるや、われは実に彼らとの逢引に急ぐ、……

百五十よりなる彼ら（骰子）の一団は踊る。（辻直四郎訳『リグ・ヴェーダ讃歌』）

解説には「賭博は古い時代から愛好され、ヴェーダ時代にはヴィビーダカ（テルミナリア・

ベッレリカ）の実が用いられた。これを多数（例えば百五十個）地面にしつらえた窪み（賭場《とば》）に撒《ま》き、賭博者はその若干をつかみ取り、その数あるいは賭場に残った数によって勝負を決したらしい」とある。

インドや東南アジアに自生する南方産の大木のヴィビーダカ（学名テルミナリア・ベッレリカ）は大量の褐色の実をつけるが、この実をさいころとして使用した。ヴィビーダカの実を用いる賭博は、紀元前一〇世紀頃から書かれたという聖典『アタルヴァ・ヴェーダ』にも賭博の儀式のなかで述べられている。

さらに紀元前五世紀頃から始まり、順次挿話が付け加えられ最終は紀元五世紀に成立したとされる長篇叙事詩『マハー・バーラタ』のなかには、駁者に変装した王子に馬車に乗っていた王が、賭博の奥儀を伝授するといって「ヴィビーダカの大本の側を通る時に、多数の実の数を一瞬に把握する法」（P・ライ『マハー・バーラタ』）を教える。この頃までヴィビーダカの実が賭博用具として用いられていたことは確実であろう。このような「さいころ」は世界中のどの地域でもみることができない。なお付け加えると『マハー・バーラタ』のなかには長方形型か立方体型のさいころと思える記述もあり、両方のさいころが使われていたと考えられる。

さいころを用いる盤上遊戯も各地方各民族によって違いが明らかである。

古代エジプトとメソポタミアは交流があり、パレスチナも含めていわゆる〝肥沃な三日月地帯〟では幾つかの同じ型の盤上遊戯が遊ばれていた。しかしメソポタミアと交流があったとはいえインダス川沿岸の諸都市では異なる盤上遊戯が遊ばれていた。

モヘンジョ・ダロから発掘された遊戯盤の一つは7×8の枡目が確認できるが、破片なので縦横にもう少し複数個の枡目があったと考えられる。もう一面の遊戯盤は明らかに粘土か日干し煉瓦で作られたもので、枡目の数は15×4で隣接して枡目三個分が一枡目になる大きな枡目――駒やさいころを収納するためかどうかは不明――がある。他のもう一面は枡目の数が9×6で、四個の枡目が列になっている型とは明らかに異なっている。遊戯法も違っていたのであろう。

モヘンジョ・ダロ出土の遊戯盤
(E. Rogersdotter 博士・提供)

これらは古代エジプトやメソポタミアで遊ばれていた「五八穴のゲーム」とも異なり、インダス渓谷の住民独特のものである。

これより後の時代であるが、インドで流行したのがパチシとよばれる十字形の遊戯盤である。十字形の一つが8×3の枡目になっていて、全部でその四倍の枡目を宝貝のさいころで独特の形をした駒を動かすゲームである。四人で遊ぶことができるが、古代からの絵画資料では二人で興じている場合が多い。

クレタ島のヘラクリオン博物館ではクノッソス宮殿から発見されたミノア文明の遊戯盤が展示されている。宴会の広間から出土したものであり、独特の枡目とみなされる円形や星形があるものの遊戯法はまったく不明である。後継とみなされる遊戯盤がギリシアをはじめ周辺の地域で発見されていないので、ミノア文明の消滅と共に葬り去られたと考えられる。

独自の遊戯盤を創造したのは中国である。遊戯盤か占盤か見解の分かれている盤もある。盤面は順次小さい正方形が五段になっていて中央に小さい円形が描かれているもので、盤全体に十字形と斜線があって、各々の正方形との交点は一八三か所ある。この交点にそれぞれ文字が記されていて、遊戯盤の枡目か占いの意味を表わしている。

中国古代で最も広く遊ばれた盤上遊戯は六博《りくはく》である。正方形の盤に特殊な区切り方をした枡目がある。箸状のさいころようの物品を振って駒を進める。古代エジプトのセネトやメソポタミアの「二〇枡目の遊戯盤」は一方向に進み、出発点と終点が別であるのに比べて、六博は駒が盤上の枡目を一巡して原点に回帰するという仕組みであり、発想が異なっている。

六博の駒は進行の途中で、特殊な場合に強力な駒に変化するのも特徴の一つである。盤上遊戯の多くは、駒の性質あるいは能力はすべて同じである。駒の置かれた位置によってゲームの進行に重要な意味を持つ場合もあるが、駒の性質は同じである。進行途上で駒が変化するというルールも違った考えから生み出されたものであろう。青銅器のデザインなど中国文化が四大文明のなかで独特なことは広く知られているが、遊戯の面でも同様である。

盤上遊戯が世界中で異なっているのは、「文化は遊びとして始まるのでもなく、遊びから始まるのでもない。遊びのなかに始まるのだ。文化の対立的、競技的基礎は、あらゆる文化よりさらに古い遊びのなかに、そしていかなる文化よりさらに根源的な遊びのなかにおかれているのである」（ホイジンガ／高橋英夫訳『ホモ・ルーデンス』傍点原文）という指摘は盤上遊戯にもあてはまるのかもしれない。

現在は各地の先史時代の盤上遊戯はまだほとんど解明されていない。今後の発掘調査で新しい資料が発見されるごとに、各地の文化の違いが「遊びのなかに」始まったのか、

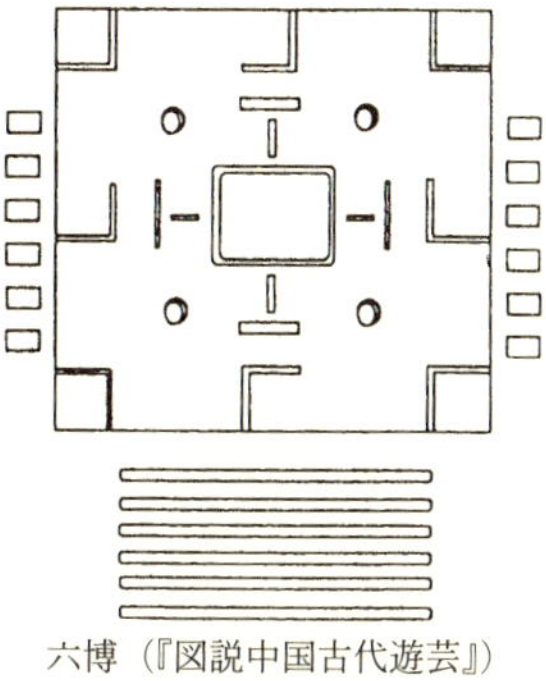
六博（『図説中国古代遊芸』）

それとも別の要因があったのか、より正確に検証できるであろう。

遊びの各地の違いは時代が下るにしたがって顕著になる。紙という素材を使って中国ではカード・ゲームが考案された。シルクロードによってインドやヨーロッパに伝わった可能性が大きいが、伝わった地域で異なったカード・ゲームとして発展した。形状は細長い四角形の中国、丸形のインド、最初はかなり大型で後にヨーロッパ人の体格に合った長方形のカードとそれぞれが異なった。絵柄や模様は各地の特徴が反映したが、ゲームの内容によって用いる枚数も違ってきた。

チェスを考案したインド人の才能は賞賛に価する。従来の盤上遊戯とはまったく異なるもので、盤上のそれぞれの駒が異なった性能を持ち、特別な「王」の駒を捕獲したら勝ちというルールである。少なくとも数千年は遊び継がれた、出発点から終点に達するという盤上遊戯と完全に異なる遊びであった。この興味深い遊びは交易路を通じてたちまち各地に普及し、漢字文化圏ではさらに変化した。インド、中近東、ヨーロッパ、アフリカではそれぞれ異なった各地域の風習が投影された駒になっている。地球上に広く普及したため、どこが発祥の地かわかりにくくなっているが、各地の文化を反映した遊びの典型であろう。

三　日本列島での遊びの起源

日本列島での遊びの起源を探るためには、まずいつ頃から我々の祖先がこの地に到達したのかを知らねばならない。「いくつかの遺跡の年代測定などから、およそ4万年前、後期旧石器時代初頭のことであったとみられます」（写真小川忠博　監修小野正文・堤隆『縄文美術館』）とされている。

日本列島へのルートは三つあって、シベリアからサハリンと北海道を経由して本州へという北方ルート、朝鮮半島から九州を経て本州へという西方ルート、東南アジアから沖縄を経て九州・本州へという南方ルートである。そして「4万年前に最初にやってきたホモ・サピエンスは、考古学や人類学の研究から、朝鮮半島から九州に上陸した可能性が高いようです」（前同書）としている。

別の見解も、「日本列島の旧石器時代人は、日本列島で生まれたのではなく、周辺の大陸や半島から移住してきたヒトたちであった。その移住は、今からおよそ3万5000年前と

2万5000年前の新旧2回にわたって大規模におこなわれた」（安蒜政雄『旧石器時代人の知恵』）として、これ以前に移住があったのかは不明としている。

移住のルートについては北海道からの北方ルート、朝鮮半島・九州の南方ルート、フィリピン諸島から島伝いに九州に入る海洋ルートを想定している。前述の三つのルートは同じで、学会での定説になっている。最新の研究では、福島県三貫地貝塚から出土した約三〇〇〇年前の縄文人のDNAから、アイヌが最も縄文人に近い関係にあることが証明された。最初に日本列島に来たのは北方ルートからであることが、ほぼ確定された。日本列島への移住は食糧となる動物を追い、石器の材料を求めての移動であったのだろうが、石器の厳密な調査から、「環日本海旧石器文化回廊には、右回りと左回りという二つのミチ筋があり、互いに反対の方向に進み、ヒトとモノが動いた」（前同書）というところまで解ってきた。

日本列島に来た人々は獲物を捕り、洞窟に住み、野営したのであろうが、暮らしのなかには〝遊び〟もあったのだろう。川での魚捕りのように生産に結びついた〝遊び〟もあったのだろうが、子供達はじゃれあったり、追いかけっこに興じていたのであろう。木に登ったり垂れ下がった蔓にぶらさがって遊ぶこともあったのだろう。大人達も野営地の近くを徘徊したり、狩猟や採集の活動以外にも石を投げてみたり棒や槍を投げ、肉体を動かし身体を屈伸する動作をおこなっていたのであろう。

三万年以上も人々は断続的に移住を続けながら日本列島で生きてきた。やがて氷河期が去り、日本列島の環境も少しずつ変化した。森林が茂り、それに伴って動植物も変わっていった。これに対応して人々の生活も以前と違ってきた。すばらしい考案は土器の製作であった。これまでの植物で編んだ籠や網物と異なり、採集物や水を貯蔵することができるようになった。ヒトは賢い。土器から食物を煮炊きすることも考えついた。食物の範囲が広くなった。

一万六〇〇〇年ほど前には、人々は狩猟や採集を続けながら土器によって一定期間の定住が可能になった。子育ても遥か以前よりは格段に容易になったのかもしれない。我々はこの時期から以後を縄文時代とよんでいる。

縄文時代を「革命」と評価する人達もいる。

土器の製作と使用、弓矢の考案と使用、イヌの飼育などである。放射性炭素年代測定で一万三〇〇〇年以上前に遡って定住的なムラの営みが始まっていたことが明らかだ。「世界中のいかなる地域にもひけをとらず、少なくとも先頭グループの上位にあった」（小林達雄「縄文革命」『朝日百科　日本の歴史〈新訂増補〉1原始・古代』）。レバント地方を含む西アジアの農耕や牧畜の「いわゆる新石器革命」（前同書）よりも日本列島での定住のほうが数千年も先行していたという見解である。

その証拠の一つとして挙げられるのは土器である。食糧の貯蔵や炊事のためだけでなく、自分達の姿や豊穣の願望なのか妊婦の像も作っている。ここでも考古学者のいう「ヴィーナス」が作られていた。縄文時代の人々は約二万点の土偶――今ではさらにその数が増えているかもしれないが――を作り、その他のおびただしい数の動物や魚、鳥などのミニチュアの像を製作している。目的や理由がわからないが土器や石に〝絵〟か〝模様〟を刻んでいる。

群馬県矢瀬遺跡から弓と矢を持った人物を描いた河原石が発見された。青森県韮窪遺跡から出土した土器には、「弓矢、動物、樹木、ワナがぐるりと描かれています」（『縄文美術館』）。また岩手県馬立Ⅱ遺跡出土の狩猟文土器には、「樹林の脇で矢をつがえた弓を左手に持つ女（乳房とへそ？　を持つ）。矢の先には獣（クマ？）、楕円形のワナ？　男（喉仏があり、弓矢を持つ？）」（岡村道雄「縄文人の祈りの道具――その形と文様」『日本の美術』第515号）が粘土で貼りつけてある。縄文時代の初期から日本列島の住民は弓矢を使っていたことは確実である。

北海道ユカンボシ遺跡からは矢と鏃《やじり》、新潟県青田遺跡からはイヌガヤで作った弓の実物も出土している。弓は森のなかの小動物を射るのに有力な狩猟用具であった。人々は弓矢での狩猟を繰り返しているうちに、自然に狩人達の間で、誰が最もうまく獲物や標的に命中させるか競い合うことが始まったのかもしれない。狩猟の訓練と同時に各々の射的の力量を競い合うようになった可能性も否定できない。

もし射的競技のような行為がおこなわれていたとするならば、その頃かそれより少し以前から走り競べ、重量挙げ、跳躍、投石などの身体的能力を比べ合うこともおこなわれていたのであろう。狩猟の実践にも役立つ力業《ちからわざ》や格闘技などもなされていたかもしれない。残念なことに、これらの肉体的能力を比べ合う行為は土器にも石にも描かれていない。痕跡が一切なく、推測できるものの証明することはできない。

石に刻まれた弓矢を持つ人（縄文時代、『縄文美術館』）

それでは縄文時代の遊戯具は遺っているであろうか。縄文時代の人々が残した豊富な物品のなかに、「土偶《どぐう》とか石棒《せきぼう》その他の、皆目《かいもく》機能用途の見当のつかないものがある。それぞれの形態には、具体的な使途を推定させる一切の手掛りがないのだ」（「縄文革命」）。はなはだ率直な意見である。

この「機能用途」の不明品は遊戯具である可能性は皆無ではない。海外の例で恐縮であるが、正体不明の小像が「一定のルールに従って動かすゲームの駒」（レナーテ・ザイエット『インド起源のチェス――四つの寄稿』）であったり、使途不明の物品が「形と数からみてナルドの駒である」（アンドレアス・ボックーラーミンク『ヴェーダ時代の後のインドにおけるさいころゲームの研究』）とつきとめた例もある。用途不明のテラコッタの三角錐体がモヘンジョ・ダロやハラッパーで出土していることについて、「河上の揺れる舟の上でボード・ゲームを楽しむ時に、駒がずれないように盤上の枡目とする小孔に突きさすもの」（R・ヴァサンタ『最も初期のゲームの駒の研究』）など、研究者の努力によって遊戯具と判明した例は少なくない。

日本でも二〇一四年に奈良文化財研究所が、従来不明であった土器に記された印の列が朝鮮の盤上遊戯ユンノリであることが判明したと発表している。研究が進むにつれ、これまでの「機能用途」不明品の正体が解るのであろうが、現在のところ筆者の知るかぎりでは縄文時代の全期間を通じて「遊戯具」の発表は一切ない。

それゆえ、次のような幾つかの疑問が生じる。

「ヒスイを加工し宝石としたのは、世界の石器時代人のなかでも縄文人が最初です」（『縄文美術館』）とされている。ヒスイや堅い石に小さい穴をあけ研磨する技術と知識を持った人々が、なぜ遊戯具を作らなかったのだろうか。円板などに小孔をあけ、紐を通して回転させる遊戯具がなぜ作られなかったのだろうか。

食糧として「遺跡での木の実のあらわれ方をみると、早い時期にはクルミ、クリ、時代が下るとトチやドングリ類がそれに加わる」（小山修三「縄文の村・比較民族誌の視点から 1」『朝日百科 日本の歴史〈新訂増補〉1原始・古代』）のであれば、縄文時代の人々は木の実を使って遊ぶことをしなかったのだろうか。

石鏃《せきぞく》や槍の刺さった遺骨や石斧状の鈍器で頭蓋骨を砕かれた遺骨が発見されている。この時代に戦闘があったのなら、戦勝祈願の占いの道具を用いなかったのであろうか。また「内部が空洞になっている鐸形土製品」（『日本の美術』第515号）は魔除けとはされていない。「がらがら」の源とみることはできないのであろうか。

疑問の最後に、やや長文であるが縄文人の生活にふれた一節を引用したい。

縄文人が食糧獲得するための労働量は意外に少なかったことがわかる。狩猟採集社会の人々は短期間激しく動くことはあっても、全体としては遊びの時間が多いという事実は、砂漠や極北などの苛酷な環境下にあるブッシュマンやエスキモーなどの民族例でも知られることである。まして温帯の恵まれた自然のなかの縄文人は、わたしたちの想像以上に豊かでのんびりした生活を楽しむことができただろう。（前同書）

本書の第一章でブッシュマンに触れ、第三章ではエスキモーの遊びについて引用した。これまで使途不明であったり祭具とみなされていた物品が遊戯具と認定された例も少なくない。「豊かでのんびりした生活」の縄文人も遊戯具で興じていたのではなかろうか。

直接に食糧調達に結びつかない土器作りや土偶作りは、たとえ豊猟祈願がこめられたにしても〝遊ぶ〟のなかに含まれているのかもしれない。そして〝遊び〟に結びつく可能性のある土器や石製品も発見されている。

「横手市小吉山（旧名・大鳥井山Ⅱ）遺跡からは、線刻の見られる円形岩版が六十個余り発見されている」（前同書）。この約半数に斜めに横切る二重線刻や二重弧線があるという。裏面の多くは丁寧に研磨されている。大きさは直径が二センチ弱から約七センチほどの大小様々で用途は不明である。

表裏が明らかなので、さいころ（当初は占具であったが）として用いられた可能性も皆無ではないであろう。線刻に点数ようの意味があったのかもしれない。線刻と弧線が何を表わしているのか、たんなる模様かも不明である。小さな岩版がおはじきやお手玉として使われたと断定されていない。

青森県の津軽地方と秋田県北部から発見された「三角形岩版は、平面形は角が取れた三角形で扁平なかまぼこ形断面をもつ岩版を作り出し、ほぼ半数はそのまま製品とするが、半数くらいは弧線・斜線などの文様を刻んでいる」（前同書）。新潟県アチャ平遺跡などからは、「多角形から楕円形・円形に成形し、背面や側面を研磨整形する場合も多い」（前同書）。「かまぼこ形断面」は朝鮮のユンノリのさいころを連想させられるが、関連の有無は不明である。海外でみられるように、胡桃《くるみ》や少片を置き、一定の距離から投げて遊ぶ用具のように、各地から出土している楕円形や円形の物品は使われなかったのであろうか。

次のような記述も注目したい。

「貝塚からタカラガイやタカラガイを分割して研磨した製品が発見されるが、それらを模した「タカラガイ模造土製品」と呼ばれるものが、いずれも北陸の（縄文）中期である富山市の北代遺跡や岐阜県高山市の岩垣内遺跡などから発見されている」（前同書）。さらに岩手県の宮野貝塚、安俵六区遺跡、立石遺跡からも同様の土製品が発見されている。

宝貝は装飾品としてだけでなく、占いのためや祭具としても用いられている。むろん、さいころとしての使用例は多い。もし人間の発想が似ているのなら、日本列島でも宝貝をさいころとして用いていたのかもしれない。

「タカラガイ模造土製品」からただちに連想されるのは、アストラガルスが金や山水晶、ガラスや陶器、粘土や石で模造品が作られている事実である。縄文時代の人々も宝貝のさいころの模造品を作ったのではなかろうか。

「世界中のいかなる地域にもひけをとらず、少なくとも先頭グループの上位にあった」縄文時代の人々が、なぜ遊んでいないのだろうか、なぜ遊戯具が発見されていないのだろうか。この理由は日本における遊戯史研究のありかたと深く関わっているのであろう。

おわりに

ごく最近、エチオピアと日本の合同研究チームが、アフリカ中東部の発掘調査で類人猿の複数の歯の化石を掘りあてた。それをイギリスの科学誌『ネイチャー』に発表すると、日本の新聞にも「人類祖先八〇〇万年前か」（「朝日新聞」二〇一六年二月一一日）という派手な見出しで報じられた。別の新聞は「ゴリラの祖先の化石八〇〇万年前と判明」（「しんぶん赤旗」二〇一六年二月一一日）という地味な見出しであった。仮説として人類の祖先の誕生がより古くなるかもしれない、というのが真相である。

従来の説からみても、人類は数百万年の間に少しずつ経験をつみ、次第に賢くなってきた。種類も交代して最後に登場したのが現生人類《ホモ・サピエンス》である。これまでの人類に比べて格段に賢く成長し、遊びもホモ・サピエンスの時代になって開花したといえる。

本書の主題である遊びの起源は、亀井伸孝教授が述べたように、狩猟民は狩りも含めて自然に対しては競争関係にあるが、獲物を平等に分配する人間社会内では競争関係にない、遊びも〝競《きそ》わない遊び〟である。この亀井教授の指摘は遊びの起源を考えるうえで画期的な見解であり、重要な功績である。

これまでの遊びの起源の考察は、狩猟採集で暮らしている人々が、狩猟の際に獲物にうまく槍や石を命中させた、待ち伏せが成功した、罠がうまくいった、獲物を巧みに仕留めたなどの緊張感、高揚感、達成感などが〝遊び〟に通じる感情として考えられてきたのではなかろうか。狩りが人間社会の遊びと直結する、とみなされてきたようである。

狩猟やそれに伴う感情は自然に対する競争関係のなかで生じたもので、人間社会の内部にある〝遊び〟に通じるものではないであろう。これが混同されて、あたかも太古から人間は対立や競争関係にある〝遊び〟と誤解した。遊びの起源を追求したホイジンガや他の研究者達、むろんレヴィ＝ストロースも含めて、遊びをすべて対立、競争関係にある〝競《きそ》う遊び〟を前提にしてきた。現在も「最も遊びらしい状況が生じるのは、勝利の確率が競争者全部にとって平等であるときである」（マイケル・J・エリス／森楙他訳『人間はなぜ遊ぶか』）のように、競争が遊びの必要な条件としている。

繰り返すが人類の遊びの大半は〝競わない遊び〟であった。原始共同体の時代から「遊びとしかいい表わせない行為」は〝競わない遊び〟であった。

おそらく数万年前からかあるいはもう少し下った時代からか、人類は狩猟生活のなかで自然に身体的能力を競い合う行動が生まれたのであろう。疾走、長距離走、投擲、跳躍、重量挙げ、格闘技は若者への教育としても必要であった。このように身体的能力を比べ合うことが、人間社会内部で〝競い合う遊び〟を生み出す環境をつくったのであろう。

さらに後になって道具を用いて身体的能力を競う遊びも始まったのであろう。これには熟練や技巧を比べ合うことも加わったのであろう。遊びの始まりの一つは、身体的能力を競うものであった。

もう一つの遊びの起源は、人類が自然の猛威を体験することにより、自然界を動かす巨大な力を感知したことから始まる。豊穣や多産を願う線刻や像、またシャーマンと思える像の作製から推定して、古代の人々は数万年前から人智を超える途方もない強い力を認識していたのであろう。

そして人類の叡智は、この巨大な力がいつどこに現われ、どの方向に進むのかを知ろうと試みた。少しでも災厄を避けようと願ったからである。後代に伝えられた神話や伝説から判断すると、これらの予知行為は雲の表われ方や推移、鳥の飛行の観察、夢占い、占星、動物の内臓による判断、小さな物品の利用などであろう。畏怖すべき力に対しての願いや予知の試みは、相手を設定したために〝競い合う遊び〟の源となった。

最後の氷河期が去った新石器時代は遊びを生みだす環境が整った。

大地の状況は変化して森林や草原が拡がった。人類は狩猟・採集の生活から農業・牧畜の生活への移行が始まった。最初は困難であったが安定した食糧の確保のため、次第に農業は普及した。人類の精神生活も変化した。従来の〝森の恵み〟から〝大地の恵み〟〝陽光の恵み〟を意識するようになった。同時に従来の超人的な巨大な力に加えて、経験したことのない新たな人智を超えた力を知るようになった。増えた未知の力は「「超自然」とも呼ばれ、また「聖なるもの」「ヌミノーゼ（神霊）、神秘」「神」とも呼ばれるようになった」（ジャン・ボテロ／松島英子訳『最古の宗教――古代メソポタミア』）。氏族によっては「精霊」「悪魔」「怪物」「魔物」など各地で異なった名前でよばれ、あらゆる事物に宿ると考えられた地方もある。

創り出された経過からか、神や精霊やその他の名前でよばれた超人的な力は、不思議なことにほとんどが人間に災害をもたらした。稀に平穏な気候を与えたにしても、多くは困難を与える存在であった。そのため人々は神を畏《おそ》れ、崇《たっと》び、機嫌を損じないように犠牲を捧げた。そして新石器時代には「神の予言」や「神託」を知る行為は多種多様になった。卜占と総称されるようになり、このための用具は後に遊戯具になった。

インドのマダヤ・プラデシュの岩に描かれた戦争光景
（約１万年前、『ケイプ・アート』）

他方、森林や原野を主要な生活の場にしていた狩猟生活に比べて、農耕の場合は使用する大地が相対的に狭くなった。個人間や人間集団同士の接触も密接になった。他の集団との関わりのすべてが友好な関係ではなかった。しばしば紛争が生じる場合も少なくなかった。境界をめぐる争い、家畜の強奪、貯蔵された食糧の奪い合い、水資源の争奪、時には女性の略奪もおこなわれた。洞窟の壁画に人間同士の戦闘光景が描かれるようになったのはこの時期からである。

このような状況を反映して、人間社会の内部で他の者と競う行為が容認される環境が整えられたのかもしれない。また他の集団との争いのため弓矢や投槍、投石に習熟することも必要になった。身体を鍛練し能力を高めることが重要になった。飛距離を競う投槍や投石、弓矢による射的競技は〝競い合う遊び〟になり、やがて一部はスポーツとして分岐した。熟練を要する技巧は戦闘に用いる武器の操作だけでなく、日常生活のなかで小石や木の実などの小物を用いる遊びに応用された。

格闘する男達のレリーフ
テル・ハラフ出土（紀元前9世紀頃、ベルリン中近東博物館蔵）

人間の知恵のすばらしさが存分に発揮されたのは遊戯具である。当初は自然物を利用していたのが、次第に人間の手によって加工され、遊びに適した品物が作られた。さいころは出る目が予測できないことから神の意志の表われとされたが、偶然性を遊びに採り入れて人間独自の遊びを創り出した。さらにはさいころを使って盤上遊戯を考案したのは画期的な出来事であった。遊びの範囲を飛躍的に拡げた遊戯具であった。

証明することができないので本文であえて触れなかったが、勝敗の決まる遊びにはかなり以前から賭けられていたのであろう。神意を占い、良い卦《け》が出た時に豊作がもたらされるように、成果を得たり成功報酬に準じるものとして勝者にはなんらかの利益が与えられたのであろう。装身具など自分で処分できる物品が賭けられていたのであろう。農耕生活が始まり穀物や水が貯蔵できるようになると、所有という意識も明確になった。私有財産制度が始まる前から勝負の決まる遊びには賭けられ、私有財産制度が確立すると競技への賭けは一般化した。自分で処分できる財産が確定したからである。

遊びに様々な物品が賭けられるようになると、遊びの興趣は増進した。ごく単純な遊びも賭けることによって楽しみや歓びが増し、さらに新しい遊びを生み出す契機になり、より娯楽を増やすという好循環が遊びを急速に拡大させたのであろう。遥か後の時代であるが本文でギリシアの競技の勝者に与えられる利益に触れておいた。

しかし残念なことに、古代の賭けの痕跡は残らず、自然物の遊戯具も大地に戻って確定することはできない。現在確認できる遊戯具はおおむね紀元前三〇〇〇年紀からである。

これらは先人達の真摯な努力によって解明されてきた。今後もこれまで〝神具〟や〝祭具〟とみなされてきたものや〝使途不明品〟が遊戯具として確認される可能性は少なくない。新石器時代とそれ以降は、各種の遊びや遊戯具が新しく考案された時代であった。その基調には優れた知性を持った現生人類《ホモ・サピエンス》が現われたことがある。より人生を楽しくするために知恵を注ぎ込み創意と工夫によって遊びを考え出し、遊戯具を創造したことによる。

本書では遊びがどのようにして生まれ、遊戯具がどのようにして作られたのかを述べた。ヒトが集団で暮らし、社会生活を営むようになった時に遊びは生まれたのであろう。広義の遊戯具は、我々の想像以上に古い時代から用いられたのであろう。本書で引用した欧米の文献の訳はすべて筆者の責任である。

本書が遊戯史を志す方々の一助になれば幸いである。

あとがき

ずっと以前から考えていたもののまとめるのに時間を要したが、ようやく一定の資料が整い、構想がまとまったので、誰も採りあげなかった主題に挑んでみた。あえて試みたのは、遊戯の起源の叩き台を作ることによって、研究がより進めればと願ったからである。

本書で筆者の一連の遊戯史研究が完結した。すなわち、『遊戯――その歴史と研究の歩み』（法政大学出版局刊）、『盤上遊戯の世界史――シルクロード 遊びの伝播』（平凡社刊）、『日本遊戯史――古代から現代までの遊びと社会』（同）、『日本遊戯思想史』（同）で、執筆順に並べたもので、記述の対象の時代は別である。いずれにせよ五部による構成である。

これまでも、かなりな数の海外の博物館を訪れたが、本書での資料や図版のため三年前から集中して博物館を訪れた。北は大英博物館から南はカイロ考古学博物館まで幾つかの博物館である。いずれも以前から複数回訪れた場所であったが、今回訪れてみると大半は展示替えになっていたり写真撮影が禁止になっていた。今一度観ておきたい遊戯具が観察できなかったものも多い。それで以前に訪れて撮った写真は俄《にわか》に大切な資料になった。

本書をまとめるにあたって、永年の知己である考古学者のエベリン・クレンゲル博士から多くの御教示をいただいた。長文の手紙やメールだけでなく二〇一四年一一月にベルリンを訪れた時には二日にわたって御自宅に招いていただき、歓待と共に数々の御教示をいただいた。

また、安蒜政雄《あんびるまさお》先生、明和政子《みようわまさこ》先生、亀井伸孝先生の御著作から学ぶことが多く、本文に引用させていただいた。紙上を借りて諸先生に厚く御礼を申し上げたい。

最後になったが筆者が執筆開始時に平凡社の編集部長であった関口秀紀氏（現、一般社団法人百科綜合リサーチ・センター）に深く感謝の意を述べたい。長期にわたって励ましていただき、筆者の書きたいという無理を快諾していただいた。あとを継がれた平凡社の蟹沢格氏にも大変お世話になった。本書を読者の皆様に示すことができたのは、ひとえに関口氏と蟹沢氏の努力のお蔭である。あらためて御礼を申し上げたい。

二〇一七年二月

増川宏一

索引

あ行

か行

さ行

た行

な行

は行

ま行

や行

ら行

わ行

参考文献

(欧文)

序章・第1章

Cave art, by Jean Clottes, Phaidon Press Limited, New York, 2008

Sie bauten die ersten Tempel, von Klaus Schmidt, Verlag C. H. Beck, München, 2006

The Rise of Civilization in India and Pakistan, by Bridget and Raymond Allchin, Cambridge University Press, Cambridge, 1982

The Language of the Goddess, by Marija Gimbutas, Thames & Hudson Inc., New York, 1989, Reprinted 2005

Das Würfelspiel im alten Indien, von Heinrich Lüders, Weidmannsche Buchhandlung, Berlin, 1907

Vases of the National Archaeological Museum of Athens, by Barbara Philippaki, Apollo Editions, Athens, 1979

Athenian Black Figure Vases, by John Boardman, Thames and Hudson Inc., London, 1978

Athenian Red Figur Vases, by John Boardman, Thames and Hudson Inc., London, 1975

Sport and Recreation in Ancient Greece, by Waldo E. Sweet, Oxford University Press, Oxford, 1987

Games Ancient and Oriental and How to Play Them, by Edward Falkener, Longmans Green and Co., London, 1892, Reprint from the University of Toronto Libraries Collection, 1961

Homo Ludens, von Johan Huizinga, Rowohlt Taschenbuch Verlag GmbH, Reinbek bei Hambarg, 1987

Spiele und Spielzeug im antiken Palästina, von Ulrich Hübner, Universitätsverlag Freiburg, Schweiz, 1992

第2章

Das Vorderasiatische Museum, Henschelverlag Kunst und Gosellschaft, DDR-Berlin, 1987

Spiele der Menschheit, Herausgegeben von Ulrich Schädler, Wissenschaftliche

Buchgesellschaft, Schweiz, 2007
Prehistoric Figurines, by Douglasc W. Bailey, Routledge, New York, 2005
Minoan and Mycenaean Art, by Reynold Higgins, Thames and Hudson Inc., London, 1977
Everyday Things in Ancient Greece, by Marjorie & C. H. B. Quennell, B. T. Batsford Ltd., London, 1954
The Ancient Greeks, by Alexandra Villing, British Museum Press, London, 2010
Art and Myth in Ancient Greece, by Thomas H. Carpenter, Thames & Hudson Ltd., London, 1991, Reprinted 2014
The Olympic Games in Ancient Greece, Editor-in-Chief Iris Douskou, Ekdotike Athenon S. A., Athens, 1976
Wie der Mensch das Denken lernte, von Ian Tattersall, Spektrum der Wissenschaft, Berlin, 2002

第3章

The Greek Museums, by Manolis Andronicos, Ekdotike Athenon S. A., Athens, 1975
The Greek Museums:National Museum, by Manolis Andronicos, Ekdotike Athenon S. A., Athens, 1978
Excavations at Thera V, by Spyridon Marinatos, University of Athens, Athens, 1972
Daily Life in Ancient Mesopotamia, by Karen Rhea Nemet-Nejat, Greenwood Press, London, 1998
Spiel, Spiele, Kinderspiel, Darbietung Leonie von Wilckens, Germanisches National-museum, Nürnberg, 1985
Herakleion Museum, by J. A. Sakellarakis, Ekdotike Athenon S. A., Athens, 1994
Sport und Spiel im Alten Ägyptem, von Wolfgang Decker, Verlag C. H. Beck, München, 1987
Spiel mal Geschichte, von Friedhelm Heitmann, Auer Verlag GmbH, Donauwörth, 2000
Everyday Life in Early India, by Michael Edwardes, B. T. Batsford Ltd., London, 1969

第4章

Bruderschaft und Würfelspiel, von Harry Falk, Hedwig Falk, Freiburg, 1986

Treasures of the Iraq Museum, by Dr. Faraj Basmachi, Al-Jumhuriya Press, Baghdad, 1976

Life in Ancient Egypt, by Adolf Erman, Dover Publications Inc., New York, 1971

Das Würfelspiel im Mittelalter und in der frühen Neuzeit, von Walter Tauber, Verlag Peter Lang GmbH, Berlin, 1987

Further Excavations at Mohenjo-daro, by E. J. H. Mackay, Munshiram Manoharlal Publishers Pvt. Ltd., Dehli, 1938

Spiele der Welt, Herausgegeben von Frederic V. Grunfeld, Wolfgang Krüger Verlag, Frankfurt, 1975

Das Senet-Brettspiel im Alten Ägypten, von Edgar B. Pusch, Deutscher Kunstverlag, München und Berlin, 1979

Kulturgut Spiel, von Max J. Kobbert, Daedalus Verlag, Münster, 2010

Indian and Eskimo Artifacts of North America, by Charles Miles, Bonanza Books, New York, 1962

5000 Jahre Würfelspiel, Herausgegeben von Prof. Dr. Günther G. Bauer, Institut für Spielforschung und Spielpädagogik, Salzburg, 1999

Ancient Board Games in Perspective, Edited by I. L. Finkel, The British Museum Press, London, 2007

Jouer dans I'Antiquité, Musée de Marseille-Réunion des Musées Nationaux, Marseille, 1925

*Games of the North American Indian*s, by Stewart Culin, Dover Publications Inc., New York, 1975

Games of Mongolian Shepherds, by Iwona Kabzinska-Stawarz, Polish Academy of Sciences, Warsaw, 1991

Archäologische Funde aus Römerzeit und Mittel-alter, Herausgeber Andreas Pfeiffer, Städtische Museen Heilbronn, Heilbronn, 1993

A History of Board-Games other than Chess, by H. J. R. Murray, Hacker Art Books Inc., New York, 1978

Mémoires de la Mission Archéologique en Iran, Tome XXIX, Archéologie Susienne, Paris, 1943

Schicksal-Chance-Glück, Spiel der Menschheit, Herausgegeben von Ulrich Schädler, Schweizerisches Spielmuseum, La Tour-de-Peilz, Schweiz, 2007

Kamid el-hor, Bericht über die Ergebnisse der Ausgrabungen in Kamid el-Loz in den Jahren 1971-74, von R. Hachmann und W. Schmitthenner, Dr. Rudolf Habelt Verlag, Bonn, 1982

An inquiry into the earliest Gaming Pieces, by R. Vasantha, Sri Krishnadevaraya

University, Anantapuramu, 2008

Bul : A Patolli Game in Maya Lowland, by Lieve Verbeeck, *Board Games Studies* 1/1988, CNWS, Leiden, 1988

Evidence of Western Cultural Connections from A phase 3 Group of Graves at Shahr-I Sokhta, by M. Piperno and S. Salvatori, Venezia, 1977

終章

The Mahābārata, translated by P. Lai, Writers Workshop, Calucutta, 1978

Homo Ludens, Der spielende Mensch, Arbeitskreis selbständigen, Herausgegeben von Volkmar Hansen und Sabine Jung, Kultur-Institute e. V., Bonn, 2003

Kanauj, die Maukharis und das caturanga, von Renate Syed, Arbeitspapiere zum Privatissimum "Indien"., Förderkreis Schach-Geschichtsforschung e. V., Kelkheim, 1999

（和文）

序章

『ホモ・ルーデンス――人類文化と遊戯』J. ホイジンガ、高橋英夫訳、中央公論社　1971

『旧石器時代人の知恵』安蒜政雄、新日本出版社　2013

『人類20万年 遙かなる旅路』アリス・ロバーツ、野中香方子訳、文藝春秋　2013

『人類の記憶――先史時代の人間像』アンリ・ド・サン＝ブランカ、大谷尚文訳、法政大学出版局　2005

「表現するというヒトの営為」川田順造、『世界思想』41号、世界思想社　2014

『心の先史時代』スティーヴン・ミズン、松浦俊輔・牧野美佐緒訳、青土社　1998

『ことばの起源――猿の毛づくろい、人のゴシップ』ロビン・ダンバー、松浦俊輔・服部清美訳、青土社　1998

『朝倉心理学講座５ 言語心理学』針生悦子編、朝倉書店　2006

『ヒトはいかにヒトになったか――ことば・自我・知性の誕生』正高信男、岩波書店　2006

『言葉を使うサル――言語の起源と進化』ロビンズ・バーリング、松浦俊輔訳、青土社　2007

『ネアンデルタール人の首飾り』フアン・ルイス・アルスアガ、藤野邦夫訳、岩城正夫監修、新評論社　2008

『悲しき熱帯Ⅱ』レヴィ＝ストロース、川田順造訳、中公クラシックス　2001

「ニホンザルの遊びの民族誌」島田将喜、「人間らしい遊びとは？」明和政子、『遊びの人類学ことはじめ』亀井伸孝編、昭和堂　2009

『まねが育むヒトの心』明和政子、岩波ジュニア新書　2012

第１章

『世界の狩猟民――その豊饒な生活文化』カールトン・スティーヴンズ・クーン、平野温美・鳴島史之訳、法政大学出版局　2008

『ニューギニアから石斧が消えていく日――人類学者の回想録』畑中幸子編著、明石書店　2013

『未開社会の思惟』上下、レヴィ・ブリュル、山田吉彦訳、岩波文庫　1953

『森の小さな〈ハンター〉たち——狩猟採集民の子どもの民族誌』亀井伸孝、京都大学学術出版会　2010
『遊びと人間』ロジェ・カイヨワ、多田道太郎・塚崎幹夫訳、講談社学術文庫　1990
『講座 世界の先住民族——ファースト・ピープルズの現在05 サハラ以南アフリカ』福井勝義他編、明石書店　2008
『講座 日本の考古学2 旧石器時代（下）』稲田孝司・佐藤宏之編、青木書店　2010
『講座 世界の先住民族——ファースト・ピープルズの現在10 失われる文化・失われるアイデンティティ』綾部恒雄編、明石書店　2007
『縄文美術館』小川忠博写真、小野正文・堤隆監修、平凡社　2013
『大系 世界の美術 第一巻 先史 アフリカ・オセアニア美術』木村重信責任編集、学習研究社　1973
『氷河期の極北に挑むホモ・サピエンス——マンモスハンターたちの暮らしと技』G. A. フロパーチェフ, E. Ju. ギリヤ、木村英明他訳、雄山閣　2013
『シベリア民族玩具の謎』A. チャダーエヴァ、斎藤君子訳、恒文社　1993
『ベンガル民族誌』ビレン・ボンネルジャ、民族学協会訳、三省堂　1944
『自然のこえ 命のかたち——カナダ先住民の生みだす美』国立民族学博物館編、昭和堂　2009
『人類5万年 文明の興亡——なぜ西洋が世界を支配しているのか』上下、イアン・モリス、北川知子訳、筑摩書房　2014
『現代の〈森の民〉——中部アフリカ、バボンゴ・ピグミーの民族誌』松浦直毅、昭和堂　2012
『魔法——その歴史と正体』K. セリグマン、平田寛訳、平凡社　1961
『南方未開社会の文化』勝谷透、湯川弘文社　1943
『イーリアス』全3巻、ホメーロス、呉茂一訳、岩波文庫　1953-58
『ギリシアの神託』ロベール・フラスリエール、戸張智雄訳、白水社文庫クセジュ　1963
『占いと神託』M. ローウェ、C. ブラッカー編、島田裕巳他訳、海鳴社　1984
『ゲルマーニア』タキトゥス、泉井久之助訳註、岩波文庫　1979
『妖術——紛争・疑惑・呪詛の世界』L. メア、馬淵東一・喜多村正訳、平凡社　1970

第2章

『古代エジプトのスポーツ』A. D. トウニー、ステフェン・ヴェニヒ著、滝口宏・伊藤順蔵訳、ベースボール・マガジン社　1978
『古代エジプトの遊びとスポーツ』ヴォルフガング・デッカー、津山拓也訳、法

政大学出版局　1995
『古代のスポーツとゲーム』ベラ・オリボバ、阿部生雄・高橋幸一訳、ベースボール・マガジン社　1986
『古代ギリシアとスポーツ文化——新たなスポーツ像を求めて』渡部憲一、高菅出版　2012
『オデュッセイアー』上下、ホメーロス、呉茂一訳、岩波文庫　1971-72
『図説中国古代遊芸』崔楽泉、文津出版社　2002

第3章

『「遊び」の文化人類学』青柳まちこ、講談社現代新書　1977
『考古学報』2014年第4期号、考古雑誌社、北京　2014
『歴史』全3巻、ヘロドトス、松平千秋訳、岩波文庫　1971-72
『リグ・ヴェーダ讃歌』辻直四郎訳、岩波文庫　1970
『アタルヴァ・ヴェーダ讃歌——古代インドの呪法』辻直四郎訳、岩波文庫　1979
『ペルシャ文明の曙』平成17年度企画展図録、松戸市立博物館　2005
『大英博物館展——100のモノが語る世界の歴史』筑摩書房　2015

第4章

『おもちゃの文化史』A. フレーザー、和久洋三監訳、和久明生・菊島章子訳、玉川大学出版部　1980
『ローマ皇帝伝』上下、スエトニウス、国原吉之助訳、岩波文庫　1986
『ルーヴル美術館展——美の宮殿と子どもたち図録』国立新美術館　2009
『盤上遊戯の世界史——シルクロード 遊びの伝播』増川宏一、平凡社　2010
『ギルガメシュ叙事詩』矢島文夫訳、ちくま学芸文庫　1998
『おもちゃの歴史』フランソワ・テメル、松村恵理訳、白水社文庫クセジュ　1998
『古代メソポタミアの神話と儀礼』月本昭男、岩波書店　2010
『遊びの社会学』井上俊、世界思想社　1977
『筑摩世界文学大系1 古代オリエント集』杉勇他訳、筑摩書房　1978
『筑摩世界文学大系9 インド・アラビア・ペルシア集』辻直四郎・蒲生礼一他訳、筑摩書房　1974

終章・おわりに

『朝日百科 日本の歴史〈新訂増補〉1 原始・古代』朝日新聞社　2005
『日本の美術 NO. 346 人物・動物はにわ』亀井正道、至文堂　1995
『日本の美術 NO. 19 はにわ』三木文雄編、至文堂　1967

『日本の美術 NO. 515 縄文人の祈りの道具――その形と文様』岡村道雄、至文堂 2009
『縄文人からの伝言』岡村道雄、集英社新書 2014
『遊びと人間』ロジェ・カイヨワ、清水幾太郎・霧生和夫訳、岩波書店 1970
『最古の宗教――古代メソポタミア』ジャン・ボテロ、松島英子訳、法政大学出版局 2001
『人間はなぜ遊ぶか』M. J. エリス、森楙他訳、黎明書房 2000
『神話で訪ねる世界遺産』蔵持不三也監修、ナツメ社 2015
『遊びの人類学ことはじめ――フィールドで出会った〈子ども〉たち』亀井伸孝編、昭和堂 2009
『ヒトはなぜ争うのか』若原正己、新日本出版社 2016
『縄紋時代史』1・2、林謙作、雄山閣 2004
『発掘された日本列島 2014』文化庁編、朝日新聞出版 2014
『発掘された日本列島 2015』文化庁編、共同通信社 2015
『旧石器時代の社会と文化』白石浩之、日本史リブレット1、山川出版社 2002
『講座 日本の考古学1 旧石器時代（上）』稲田孝司・佐藤宏之編、青木書店 2010
『旧石器社会と日本民俗の基層』田村隆、同成社 2011
『考古調査ハンドブック9 旧石器時代』小田静夫、ニューサイエンス社 2014
『道徳性の起源――ボノボが教えてくれること』フランス・ドゥ・ヴァール、柴田裕之訳、紀伊國屋書店 2014

[著者紹介]

増川宏一（ますかわ・こういち）

1930年長崎市に生まれる。旧制甲南高等学校卒業。以来、将棋史および盤上遊戯史を研究。
大英博物館リーディングルーム・メンバー、国際チェス史研究グループ会員、チェス史研究支援財団名誉会員、チェス・コレクターズ・インターナショナル会員、遊戯史学会会長、日本将棋連盟将棋歴史文化アドバイザー。第17回将棋ペンクラブ大賞特別賞、第21回大山康晴賞受賞。
著書に、
『賭博の日本史』『碁打ち・将棋指しの江戸――「大橋家文書」が明かす新事実』『碁打ち・将棋指しの誕生』『将棋の起源』『盤上遊戯の世界史――シルクロード遊びの伝播』『日本遊戯史――古代から現代までの遊びと社会』『日本遊戯思想史』『将棋の歴史』（以上、平凡社）、『将棋Ⅰ・Ⅱ』『盤上遊戯』『賭博Ⅰ・Ⅱ・Ⅲ』『碁』『さいころ』『すごろくⅠ・Ⅱ』『合せもの』『チェス』『遊戯――その歴史と研究の歩み』（以上、法政大学出版局）、『将棋の駒はなぜ40枚か』（集英社）、『ゲームの博物誌――世界各地にゲームのルーツを探る』（JICC 出版局）、『将軍家「将棋指南役」――将棋宗家十二代の「大橋家文書」を読む』（洋泉社）、『小さな藩の奇跡――伊予小松藩会所日記を読む』（KADOKAWA）、
共同執筆に、
Homo Ludens IV, Institut für Spielforschung an der Hochschule Salzburg, Verlag Emil Katzbichler, 1994.
Board Games Studies 2000/3, CNWS Universiteit, Leiden, The Netherlands.
Step by Step: Proceedings of the 4th Colloquium Board Games in Academia, Editions Universitaires Fribourg, Suisse 2002.
Asian Games: The Art of Contest, Asia Society, New York 2004.
Spiele der Menschheit, Schweizerisches Spielmuseum, 2007.
Festschrift für Egbert Meissenburg: Internationale Schachforschungen, Refordis Verlag, Wien 2009.
Simulation and Gaming in the Network Society, Springer Verlag, Erfurt 2016.

遊戯の起源

遊びと遊戯具はどのようにして生まれたか

発行日――2017年3月24日　初版第1刷

著者――増川宏一

発行者――下中美都

発行所――株式会社平凡社

〒101-0051 東京都千代田区神田神保町3-29

電話　(03) 3230-6593［編集］

(03) 3230-6573［営業］

振替　00180-0-29639

平凡社ホームページ　http://www.heibonsha.co.jp/

装丁――岡本健＋（岡本健、遠藤勇人）

DTP――矢部竜二

印刷――株式会社東京印書館

製本――大口製本印刷株式会社

ISBN978-4-582-46821-2　C0039　NDC 分類番号384. 55

四六判（19. 4cm）　総ページ306